C0-DAO-074

치유기도

치유기도

하나님나라 백성의 온전한 몸과 마음의 회복

손기철 지음

규장

Prologue

프롤로그

오직 마음을 새롭게 함으로
변화를 받으라

하나님께서 저를 치유사역으로 인도하신 지 올해로 만 10년째입니다. 그동안 수많은 강의와 집회를 회상해보면, 주(主)의 뜻을 이루고자 담대한 믿음으로 나아갈 때마다 주님은 가장 적절한 시간에 최고의 방법으로 임하셔서 당신의 살아 계심을 증거해주셨습니다. 제가 드릴 수 있는 것은 처음도 은혜와 감사요 끝도 은혜와 감사라는 고백뿐입니다.

주님이 행하신 일에 말할 수 없는 영광과 찬양을 올려드린 세월이었지만, 그럼에도 불구하고 한편으로는 기도 받는 분들의 아픔과 고통에 함께 눈물을 흘렸고, 제가 할 수 있는 일이 아무것도 없다는 뼈저린 깨달음에 주님께 매달려 울부짖었고, 치유사역에 대해서 잘 알지 못하는 분들의 비난과 손가락질에 심한 외로움도 느꼈던 시간들이었습니다.

또한 물론 다는 아니지만, 기도 받는 많은 분들의 마음을 읽을 때마다 가슴이 찢어지는 것 같았습니다. 왜냐하면, 아버지는 당신께 나아온 우리를 왕자와 공주로 만들기를 원하시는데, 우리는 '지금 내게 필요한 것은 밥 한 끼뿐이니 내게 필요한 것만 채워주세요'라는 마음으로 그분 앞에 나왔기 때문입니다. 기도 받기 원하는 분들은 오직 지금의 고통과 질병, 그리고 묶임으로부터 해방되기 원할 뿐, 그 이상도 그 이하도 아니라는 사실 때문에 가슴이 아팠습니다. '치유'는 하나님나라의 백성이 누리는 은혜이며, 우리를 향하신 하나님의 뜻 가운데 하나라는 믿음으로 사역해온 제게 그것은 실로 큰 안타까움이었습니다.

저는 그동안 성경뿐만 아니라 국내외 치유사역에 관련된 수많은 책들을 읽고 또 읽었습니다. 치유 받은 다양한 경험, 하나님의 놀라운 섭리 가운데 나타나는 기사(奇事)와 표적들이 제 믿음에 불을 붙였습니다. 그러나 제 마음에 사라지지 않는 의구심과 안타까움은 모든 것이 인간의 치유에만 목적을 맞추고 있다는 점입니다. 다른 말로 하면, 우리가 어떻게 하면 치유 받을 수 있는가에만 집중한다는 것입니다.

지금까지 치유사역은 주로 말씀과 성령의 권능에 기초한 예수 그리스도에 대한 믿음에 중점을 두었습니다. "성경의 어떤 인물도, 그리고 실제적으로 누구누구도 어떻게 해서 치유를 받았습니다. 그러니 당신도 그렇게 하면 됩니다"라는 식으로 말입니다.

그런 치유서에는 치유를 위해 '필요한' 예수 그리스도가 있지, 아버지 안에서 이 땅과 사람들을 바라보시는 '예수님의 마음'과 '예수님의 목적'과 '예수님의 나타나심'에 대한 내용은 그리 많지 않았습니다. 또 전인적인 치유사역을 다룬 책도 있었지만 그 역시 인간의 건강이라는 측면에 중점을 두었지, 하나님나라와 그 백성의 관점에서 치유사역을 바라본 것이 아니었습니다.

하나님이 우리를 치유하기 원하시는 이유

치유기도로 치유되지 못한 사람은 물론, 하나님의 권능으로 치유된 사람들도 그 후 모두 죽었습니다. 그렇다면 하나님의 치유는 무엇을 의미하는 것일까요? 지금까지의 치유사역은 "하나님은 우리를 치유하시는 분이다"라는 데만 초점을 맞추어왔습니다. 그렇지만 치유된 사람들 역시 언젠가는 다 죽습니다. 그렇다면 더 나아가 하나님이 "왜 우리를 치유하기 원하실까?"라는 근본적인 물음과 그 답에 대해서는 왜 더 깊은 관심을 갖지 못했을까요? 단지 이 땅에 사는 우리의 연수(年數)를 늘여주는 것이 하나님이 우리를 치유해주시는 목적은 아닐 텐데 말입니다.

이 책은 분명 치유기도와 관련한 것이지만, 지금까지의 치유 사역과는 관점이 다릅니다. 구원 받은 자가 성화(聖化)되어가고 하나님 안에서 자기 정체성을 찾는 삶이 치유의 삶이라고 보기 때문입니다. 그것은 자아를 죽이고, 마음을 새롭게 하여, 그분의 생명이 나타나도록 하는 삶입니다.

하나님의 생명이 우리를 통해 나타나기 위해서는 하나님의 영광을 담은 우리의 그릇이 온전해야 합니다. 이것이 바로 하나님이 우리를 치유하시기 원하는 이유입니다. 이 책은 바로 그 관점에서 치유를 바라보고 그것이 사실인지를 확인해보고자 한 시도입니다.

하나님의 선하시고 기뻐하시고 온전하신 뜻 안에 있는 치유

지금 당신이 저의 말에 동의하지 않는다고 해도 이 책을 포기하지 마십시오. 그리고 동의하지만 현재 자신이 당하는 고통 때문에 동의하기를 주저하고 있다면, 지금 당장 이 책의 6장으로 가십시오. 함께 믿음으로 기도합시다. 치유를 받으십시오.

그리고 하나님이 당신에게 진정으로 원하시고 주시고자 하는 것이 무엇인지 생각해보십시오. 하나님이 당신에게 진정으로 원하시고 주시고자 하는 것을 얻고자 한다면, 이 책의 1장부터 다시 읽으십시오.

이 책은 한마디로 로마서 12장 2절 말씀에 대한 것입니다.

너희는 이 세대를 본받지 말고 오직 마음을 새롭게 함으로 변화를 받아 하나님의 선하시고 기뻐하시고 온전하신 뜻이 무엇인지 분별하도록 하라 롬 12:2

Don't copy the behavior and customs of this world, but let God transform you into a new person by changing the way you think. Then you will know what God wants you to do, and you will know how good and pleasing and perfect his will really is. NLT

오직 마음을 새롭게 함으로 변화를 받아야 하나님의 나라와 의(義)가 될 것이고, 하나님의 뜻 안에 있는 진정한 치유와 치유사역이 무엇인지 알게 될 것입니다.

책이 탈고될 때마다 수많은 분들의 얼굴을 떠올리며 감사하게 됩니다. 무엇보다도 두려움과 떨림 가운데 그간 치유사역의 여정을 함께 해온 사랑하는 아내에게 진심으로 감사합니다. 그녀는 제가 알지 못했고 부인했던 저의 모든 부족함과 상처와 쓴뿌리를 비춰볼 수 있는 거울이었고, 치유자였습니다.

HTM의 모든 식구들의 사랑과 함께 동역하는 사역자들의 헌신과 열정은 날마다 저를 치유하고 성숙케 하는 하나님의 군대입니다. 모든 분들에게 감사와 존경을 표합니다.

끝으로 함께 하나님나라를 이루어가는 규장과 갓피플닷컴의 여진구 대표, 신학적 조언과 자문을 해주시는 편집국의 김응국 목사, 제 생각의 글을 독자가 읽을 수 있는 글로 만들어주는 안수경 실장 그리고 모든 직원들에게 감사드리며, 예수님의 이름으로 축복합니다.

아버지, 끝까지 승리하게 하옵소서!

손기철

Heavenly Touch Ministry

프롤로그

Contents
차례

chapter 1 치유자는 예수님이십니다

예수님은 우리가 모태에서 조성되기도 전에 우리를 보고 계셨고 우리를 만드신 창조자이십니다. 그분께 당신 전부를 드리지 않으면 우상숭배 하는 것입니다. 약도 의사도 치유사역자도, 예수님이 당신에게 보내주신 선물입니다. 예수님만이 치유자이십니다. 예수 그리스도만이 우리의 생명이심을 믿으십시오.

chapter 1

구원과 치유에 대한 올바른 태도

치유집회만큼 많은 사람들의 입에 오르내리는 집회도 없을 것입니다. 치유집회에서는 우리의 이성(理性)으로 이해할 수 없는 일들이 일어나기 때문입니다.

또한 치유 받은 사람과 그렇지 못한 사람이 생기기 때문입니다. 치유 받은 사람은 좋아서 어쩔 줄 모르지만, 간절한 소망을 가지고 집회에 참석했는데도 하나님을 만나지 못하고 치유 받지 못한 사람은 깊은 절망과 자괴감 속에 고개를 떨어뜨리고 돌아갈 경우도 있습니다.

다른 한편으로 하나님의 권능과 성령의 역사에 대해 모르는 사람들 역시 치유집회에서 일어나는 일들의 진위를 의심하고 심지어 비난하는 경우도 있습니다.

그러나 예수 그리스도께서 이 땅에 오셔서 하신 일은 명백히 '가르침'(teaching), '선포'(preaching), '치유'(healing)입니다.

예수께서 온 갈릴리에 두루 다니사 저희 회당에서 가르치시며 천국 복음을 전파하시며 백성 중에 모든 병과 모든 약한 것을 고치시니 마 4:23

Jesus went throughout Galilee, teaching in their synagogues, preaching the good news of the kingdom, and healing every disease and sickness among the people. NIV

예수님은 하나님나라를 선포하시고, 율법과 선지자들이 증거한 것이 바로 예수 그리스도에 대한 것임을 가르치시고, 하나님나라가 도래한 징표로서 질병을 치유하고 귀신을 쫓아내고 여러 이적을 행하셨습니다.

그렇다면 단적으로 2천 년 전 예수님의 시대와 오늘 우리는 구원과 치유에 대해 어떻게 다른 관점을 가지고 있습니까?

예수님의 구원사역과 치유사역

마태복음 9장 1절에서 8절 말씀을 보면, 사람들이 침상에 누운 중풍병자를 예수님께 데려왔습니다. 예수님께서는 병자를 데려온 사람들의 믿음을 보시고 중풍병자에게 "소자야, 안심하라. 네 죄 사함을 받았느니라"라고 말씀하셨습니다. 그러자 서기관들이 속으로 예수를 참람하다고 비난했고, 예수님도 그 마음의 생각을 아시고 이렇게 말씀하셨습니다.

"너희가 어찌하여 마음에 악한 생각을 하느냐? '네 죄 사함을 받았느니라' 하는 말과 '일어나 걸어가라' 하는 말이 어느 것이 쉽겠느냐? 그러나 인자가 세상에서 죄를 사하는 권세가 있는 줄을 너희로 알게 하려 하노라."

그런 다음 다시 중풍병자에게 "일어나 네 침상을 가지고 집으로 가라"고 말씀하셨습니다.

2천 년 전 예수님 당시 사람들은 예수님이 치유자이심을 인정했습니다. 왜냐하면 눈앞에서 예수님의 치유사역을 목격하고 경험했기 때문입니다. 예수님이 다녀가신 동네에 살던 사람들도 예수님이 치유자라는 것을 의심하지 않았습니다. 왜냐하면 자신이 가까이 지내던 친척, 지인들을 예수님이 치유해주셨기 때문입니다. 그에게 어떤 질병이 있고 그가 어떤 고통 가운데 놓여 있었는지 잘 알고 있는데, 예수님 앞에 나온 사람들은 누구라도 치유 받았기 때문입니다. 심지어 율법사나 서기관이나 바리새인들도 예수님이 치유자이심을 부인하지 않았습니다.

그런데 예수님은 중풍병자에게 "네 죄 사함을 받았느니라"라고 말씀하셨습니다. 그러자 서기관들이 '죄는 하나님만이 사하실 수 있는데, 이 사람이 누구인데 하나님을 모독하는가?'라고 생각했습니다. 그 생각을 아신 예수님이 그들에게 "네 죄가 사함을 받았다"라고 말하는 것과 "일어나서 걸어가라"라고 말하는 것 중 어느 쪽이 더 말하기가 쉬우냐고 물으셨습니다.

우리는 이 대화 속에서 예수님이 세상에서 죄를 사하는 권세를 가지고 계실 뿐만 아니라 육신의 질병도 치유하실 수 있는 분이라는 것을 알 수 있습니다. 동시에 죄 사함과 질병의 치유에는 밀접한 관계가 있음을 볼 수 있습니다.

2천 년이 흐른 지금 예수를 믿는 사람들은 예수님이 죄를 사해주시는 분임을 의심하지 않습니다. 예수만 믿으면 누구든지 죄 사함을 받는다고 알고 있습니다. "당신은 죄 사함을 받았습니까?" 라고 물으면 다들 큰소리로 그렇다고 대답합니다. 그런데 "당신이 기도할 때 예수께서 당신의 질병을 치유하신 것을 믿습니까?"라고 물으면 그때는 고개를 갸우뚱하기 시작합니다.

우리는 예수님의 구원사역은 인정하면서도 예수님의 치유사역은 의심합니다. 믿음으로 구원 받았다는 사실은 시인하지만 예수님께서 우리 육신의 질병을 치유하신다는 믿음은 거의 없습니다. 우리가 죄 사함을 아무런 부담 없이 믿는 것은 우리 눈에 안 보이기 때문입니다. 그렇지만 치유의 역사란 지금이라도 당장 그 징표가 나타나야 합니다.

교회는 영혼의 구원을 받는 곳이고 병원은 육신의 질병을 치유하는 곳이라 여기기 때문에 오늘날 교회에서 치유사역이 사라진 지 오래되었습니다. 치유함을 받으려면 예수님 앞으로 가는 것이 아니라 의사에게 가야 한다고 굳게 믿고 있습니다. 지금 교회는 단지 영혼의 죄 사함에만 집착하고 있습니다.

질병과 죄의 상관성

예나 지금이나 예수님은 우리의 영혼뿐만 아니라 육신에도 지대한 관심을 가지고 있습니다. 육신의 질병은 직간접적인 죄 때문에 생겨난 것입니다. 우리가 죄를 짓기 전, 즉 타락하기 전에는 우리에게 질병과 죽음이 없었습니다. 그런데도 오늘날 우리는 우리에게 있는 육신의 질병의 원인이 무엇인지 구체적으로 알지 못하는 경우가 많습니다. 죄와 질병, 죄의 영향력이 가져온 질병의 문제에 대해 간과하고 있습니다.

그러면 육신에 질병을 가져오는 직간접적인 죄가 무엇일까요?

첫째, 하나님의 뜻을 왜곡하며 살 때입니다.

우리는 열심히 하나님을 믿고 신앙생활을 한다고 하지만, 하나님의 뜻을 잘 알지 못할 때 죄를 짓게 됩니다. 이런 일은 대부분 헬라적 세계관, 즉 이원론적인 삶의 방식에 의해 일어납니다. 즉, 하나님은 우리의 영혼육(靈魂肉) 모두에 관심이 있는데, 우리는 영적인 것은 거룩한 것이지만 육적인 것은 천한 것이라고 여기는 관점입니다.

예를 들어, 자신의 삶을 그리스도께 바치고 자신의 영혼을 하나님 앞에 날마다 드리는 목회자라 해도 식사를 건너뛰거나 몸을 혹사하기까지 헌신하거나 규칙적으로 운동을 하지 않는다면, 결국 질병에 걸릴 수밖에 없을 것입니다. 하나님께 대한 영적인 헌신이 육적인 건강을 보장하지는 않습니다.

하나님께서는 인간이라면 누구든지 충분한 양분을 섭취하고 적당한 운동을 하여 건강히 살도록 우리 육신을 그렇게 지으셨습니다. 거기에 순응하지 않는다면 누구라도 질병에 걸립니다.

평강의 하나님이 친히 너희로 온전히 거룩하게 하시고 또 너희 온 영과 혼과 몸이 우리 주 예수 그리스도 강림하실 때에 흠 없게 보전되기를 원하노라 살전 5:23

둘째, 스스로 죄악을 심고 뿌리는 직접적인 죄입니다.

심은 대로 거두는 하나님의 법칙에 따라 죄악을 심고 뿌리는 직접적인 죄가 질병의 원인이 됩니다. 계속해서 악한 마음을 품을 때, 용서하지 않고 남을 정죄하거나 비판하거나 비난할 때, 우리는 우리 마음판에 심은 그대로 거두게 됩니다.

너희는 돌아보아 하나님 은혜에 이르지 못하는 자가 있는가 두려워하고 또 쓴뿌리가 나서 괴롭게 하고 많은 사람이 이로 말미암아 더러움을 입을까 두려워하고 히 12:15

우리의 영혼육은 서로 유기적인 관계에 있습니다. 따라서 우리의 영에 문제가 있으면 우리의 마음에 문제가 있고 마음에 문제가 있으면 우리의 육신에 문제가 생기는 것입니다. 예를 들어 화병(火病)이 들면 결국 내장에 여러 가지 암이 발생하여 사망에 이르는 경우도 많습니다.

또한 말씀에 순종하지 않고, 자신의 육체적 쾌락을 위해 술을 마시거나, 담배를 피우거나, 음식을 지나치게 탐하거나 편식할 때, 음란에 빠질 때 결국은 갖가지 질병을 앓게 될 것입니다.

> 또한 저희가 마음에 하나님 두기를 싫어하매 하나님께서 저희를 그 상실한 마음대로 내어버려두사 합당치 못한 일을 하게 하셨으니 롬 1:28

하나님께서 하지 말라고 하신 일들을 할 때, 예를 들면 우상숭배와 같은 십계명을 위반하는 것입니다. 그런 일들은 결국, 그들의 영혼과 육신을 핍절하게 만들고 죽이게 됩니다. 하나님의 말씀에 순종하지 않고 죄를 지을 때 우리에게 임할 수 있는 죄와 저주의 예는 신명기 28장 15절부터 68절에 걸쳐서 잘 나타나 있습니다.

셋째, 간접적인 죄 역시 우리의 육신에 질병을 초래할 수 있습니다.

오염물질에 많이 노출된다든지 좋지 않은 환경 속에서 계속 살아간다면 어떻게 그 영향을 받지 않을 수 있겠습니까? 결국에 그것도 질병의 원인이 됩니다. 육체의 질병은 인간의 범죄와 인간의 타락으로 저주 받은 이 땅 때문에도 생깁니다. 물론 우리는 예수 그리스도를 믿어 죄 사함을 받고 죄의 형벌로부터 영원히 자유하게 되었지만, 우리 주위에 있는 죄의 세력들은 여전히 우리의 육신을 노리고 틈이 있을 때마다 우리를 도둑질하고 죽이고 멸망시키려고 합니다. 따라서 믿는 자나 믿지 않는 자나 질병 가운데 놓일 수 있습니다.

또한 자신이 직접 죄를 범치 않더라도 죄의 연대성과 집단성 때문에 얼마든지 질병이 생길 수 있습니다. 이스라엘 민족이 여리고 성을 함락한 다음 아이 성을 함락하지 못한 것은 전리품을 숨긴 아간의 죄 때문이었습니다. 그로 인해 이스라엘 민족이 당한 괴로움을 생각해보십시오. 하나님은 한 사람의 죄에 대해, 그 사람의 죄뿐만 아니라 그 백성 전체에 대해 죄를 묻기도 하십니다. 이것이 죄의 집단성입니다.

죄의 연대성의 문제도 마찬가지입니다. 부모의 좋지 않은 성격이나 중독 상태는 그 자녀에게 영향력을 미칩니다. 부모가 중독이 있을 경우, 그 자녀는 '나는 절대 우리 부모처럼 살지 않겠다'고 맹세합니다. 그러나 성장한 자녀는 대개 자기 부모와 동일한 삶을 사는 경우가 많습니다.

왜 그렇습니까? 첫째, 부모처럼 살지 않겠다고 굳게 맹세하지만 그것은 하나님이 원하시지 않는 부정적인 맹세이며, 둘째, 그 자녀가 자라나면서 줄곧 본 것이 그것뿐이기 때문입니다. 결국 자녀는 그 마음에 심은 대로 거둔 것입니다. 그가 자기 부모를 비판한 것처럼 그 비판을 자신이 받게 된다는 것입니다.

그러므로 남을 판단하는 사람아 무론 누구든지 네가 핑계치 못할 것은 남을 판단하는 것으로 네가 너를 정죄함이니 판단하는 네가 같은 일을 행함이니라 롬 2:1

비판을 받지 아니하려거든 비판하지 말라 너희의 비판하는 그 비판으로 너희가 비판을 받을 것이요 너희의 헤아리는 그 헤아림으로 너희가 헤아림을 받을 것이니라 마 7:1,2

예수님의 치유하심은 분명히 육신의 질병도 낫게 하는 것이다

모든 질병이 악한 영 때문이라고 생각하십니까? 그렇지는 않습니다. 악한 영 때문일 수도 있고 그렇지 않을 수도 있습니다. 그러나 모든 질병이 직간접적인 죄 때문이라는 말은 사실입니다. 예수님은 우리의 죄를 사해주실 뿐만 아니라 우리의 육신도 강건케 하기를 원하십니다.

그가 찔림은 우리의 허물을 인함이요 그가 상함은 우리의 죄악을 인함이라 그가 징계를 받음으로 우리가 평화를 누리고 그가 채찍에 맞음으로 우리가 나음을 입었도다 사 53:5

그동안 많은 사람들이 이 구절을 영적으로 해석해왔습니다. 바로 예수 그리스도께서 우리의 죄를 사할 수는 있어도 우리 육신의 질병을 낫게 할 수는 없다는 것이 오늘날 많은 신학자들의 의견이었기 때문입니다.

> 예수께서 말씀으로 귀신들을 쫓아내시고 병든 자를 다 고치시니 이는 선지자 이사야로 하신 말씀에 우리 연약한 것을 친히 담당하시고 병을 짊어지셨도다 함을 이루려 하심이더라 마 8:16,17

그런데 예수님이 많은 사람들을 치유해주시는 이 장면에서 선지자 이사야로 하신 말씀을 이루려 하셨다는 것은 단지 영적인 것이 아니라 분명히 육신에 대한 것입니다.

우리는 왜 예수님의 치유하심에 대해 부정적인 생각과 부정적인 신앙을 갖고 있습니까? 지금 우리에게 일어나지 않기 때문입니다. 그러면 왜 안 일어납니까? 성령님을 부인하기 때문입니다. 삼위일체 하나님을 믿는다고 하면서 성령님의 현재적 나타나심과 성령님의 능력의 역사에 대해서는 부인하고 있기 때문입니다.

이 땅에 예수님이 계셨던 때와 초대교회 사도들이 활동했던 때에는 지금 우리가 가지고 있는 성경이 없었습니다. 예수님께서 말씀하시면 그것을 사도들이 알았고 또 그 사도들이 예수님이 가르쳐주신 것을 다른 사람들에게 알렸을 뿐입니다. 이때 예수님께서 말씀하시고 가르쳐주신 것을 생각나게 하시는 분이 누구십니까? 바로 성령님이십니다.

보혜사 곧 아버지께서 내 이름으로 보내실 성령 그가 너희에게 모든 것을 가르치시고 내가 너희에게 말한 모든 것을 생각나게 하시리라 요 14:26

그 당시 신앙생활이란 100퍼센트 성령님께 의지하지 않으면 성립될 수 없었습니다. 예나 지금이나 동일한 성령님이 계십니다. 우리가 온전히 성령님께 귀 기울일 때 진리의 영이신 그분께서 우리 주님이신 예수님을 증거해주시고 예수님이 가르쳐주신 말씀을 우리 마음판에 부어주시는 것입니다.

어제나 오늘이나 동일하신 성령님께 의지하는가?

그런데 4세기에 로마제국이 기독교를 국교화(國敎化)하여 핍박받던 기독교가 국가의 비호를 받고 물질적으로 풍성해지고 조직적으로 제도화되었습니다. 그 결과 점차 성령님의 역사와 인도하심은 쇠잔해지고, 기독교는 교회라는 제도적 체제 안에서 안주하고 자족하게 되었습니다.

또 성경의 정경화(正經化)가 이루어진 것은 만대의 교회를 위한 복이요 하나님의 은혜입니다. 그러나 여기서도 간과하지 말아야 할 것이 있습니다. 성경의 실제 저자가 인간이 아니라 성령님이시라는 점입니다. 따라서 오늘날 우리가 정경으로 완성된 성경을 볼 때에도 성경의 저자이신 성령님이 가르쳐주시고 깨우쳐주시는 은혜(요 14:26)가 없어서는 안 됩니다.

성령 없이 성경만으로 충족하다는 신앙을 조심하십시오. 또 반대로 성경 없이 성령만으로 충족하다는 신앙 역시 경계해야 합니다. 성경이 완성되었다고 해서 성령이 필요 없는 것이 아닙니다. 성령 없는 말씀 이해는 불가능합니다. 성령 없이 성경을 보는 것은 하나님을 영적으로 생명으로 만나기보다 문자로 만나는 것에 지나지 않습니다. 성령과 더불어 성경을 볼 때만이 살아 있는 말씀이 되는 것입니다.

성경이 있는 오늘 우리 시대에도 성령의 강력한 역사는 필요합니다. 영국의 저명한 강해설교가 마틴 로이드 존스 목사님은, 현대 교회들이 고린도교회가 성령의 은사 문제로 혼란했다는 것을 핑계 삼아 성령의 역사를 기피하는 쪽으로 가는 것에 대해 자신의 저서인 《성령세례》에서 크게 개탄했습니다. 그는 오늘날의 교회가 고린도교회처럼 성령의 역사가 활발해서, 그 때문에 고민할 정도의 교회가 어디 있느냐고 묻습니다. 그는 오늘 우리의 교회가 성령의 역사의 활력을 잃은 것이 심각한 문제가 아니냐고 지적합니다. 그는 성령 없는 교회의 고요함을 무덤의 정적(靜寂)에 비유하기까지 했습니다.

하나님은 인간의 경험으로 제한할 수 있는 분이 아닙니다. 예수 그리스도는 어제나 오늘이나 영원토록 동일하십니다. 그분은 지금도 살아 계십니다. 그분은 영원히 우리와 함께하십니다. 성령의 능력으로 역사하십니다. 그분은 우리의 영혼에만 관심이 있는 것이 아니라 우리의 육신에도 관심이 있습니다. 그래서 사도 바울도 예수님이 강림하실 때까지 우리의 영과 혼과 육을 흠 없이 보전해주시기를 하나님께 간구한 것입니다.

> 평강의 하나님이 친히 너희로 온전히 거룩하게 하시고 또 너희 온 영과 혼과 몸이 우리 주 예수 그리스도 강림하실 때에 흠 없게 보전되기를 원하노라 살전 5:23

더욱이 우리가 이 땅에서 하나님의 아름다운 덕(德)을 선전하도록(벧전 2:9) 하셨고, 하나님의 선한 일에 열심하는 친 백성이 되게 하려(딛 2:14) 하시는데, 우리가 강건하지 않고서 어떻게 그 일을 감당할 수 있겠습니까?

예수님만이 치유자이시다

오늘날 가장 심각한 문제는 우리가 하나님 중심, 하나님나라 백성의 사고방식(kingdom mentality)으로 신앙생활 하는 것이 아니라 자기중심, 인간중심적인 이 세상의 관점으로 말씀을 보고 신앙생활을 한다는 데 있습니다.

우리가 가장 두려워하는 것은 무엇입니까?

'하나님 말씀은 그렇지만 말씀대로 그 일이 일어나지 않는다면? 그러면 이 성경을 부인해야 하는 것이 아닌가?'

그렇다면 결국에 우리는 그 일이 이루어질 수 있느냐 없느냐로 성경을 판단하고 있는 셈입니다. 이렇게 많은 사람들이 하나님의 말씀을 진짜 진리로 믿지 않는다는 것이 문제입니다. 하나님의 말씀이 영원불변하고 일점일획도 틀림없이 이루어지는 진리의 말씀이라고 믿는다면 우리에게 이루어지고 안 이루어지는 것은 또 다른 차원의 문제입니다. 진리는 진리의 반열에 올려놓아야 합니다.

우리는 날마다 이 진리의 말씀이 어떻게 하면 이루어지는지 물으며 하나님께 나아가야만 합니다. 나 역시 내 경험상으로는 도저히 이루어지지 않는 일이었지만, 수없는 실패와 거듭되는 넘어짐 속에서도, 오뚝이처럼 다시 일어나서 하나님의 말씀이 진리임을 믿고 기도했습니다. 그렇기 때문에 마침내 기적을 목도하기 시작했습니다. 지금도 마찬가지입니다. 그래서 나는 스스로 기도의 실패를 가장 많이 경험한 사람이자 기도의 성공을 가장 많이 경험한 사람이라고 생각합니다. 이 일이 결코 내게 일어나지 않을 거라고 생각한다면 그 일은 일어날 수 없을 것입니다. 그렇지만 하나님의 말씀은 내게 일어나지 않더라도 진리입니다. 그것이 우리 신앙의 관점이 되어야 합니다.

어쩌다가 한 번 생각나면 치유를 위해 기도하고, 가끔 치유집회에 참석해서 기도해도 아무 일도 일어나지 않는다고 낙심해서 돌아가겠습니까? 하나님께서 지금 당장 당신의 요청과 필요를 들어주시지 않았다고 해서 당신을 사랑하지 않으신다고 생각하십니까? 아버지가 당신을 싫어한다거나 당신에게 어떤 다른 문제가 있기 때문이라고 생각하십니까? 그렇다면 이제 제발 그런 어린아이의 생각에서 벗어나십시오. 아이처럼, 어리석은 자처럼 생각하지 마십시오.

지금 당신에게 아무 일이 일어나지 않았더라도 하나님은 변함없이 당신의 아버지이십니다. 아버지는 당신의 질병과 상관없이 당신을 사랑하십니다. 이미 당신 안에 계십니다. 당신에게 영생을 주셨습니다. 그 하나님을 믿는다면 예수님이 당신의 치유자 되심도 믿어야 합니다.

그러면 우리가 하나님을 믿고 예수님만이 치유자이심을 믿는다고, 약을 끊고 병원에 가지 않고 의사를 멀리해야 합니까? 절대 그렇지 않습니다. 우리는 너무나 이원론적으로 생각하고 있습니다. 하나님의 관점에서 우리의 삶을 보지 못하고 그저 내가 치유받느냐 못 받느냐에 치중합니다. 모 아니면 도라 생각하고 둘 중에 하나를 선택해야 한다는 식으로 신앙을 생각합니다.

지금 당장 당신에게 아무 일도 일어나지 않았습니까? 그렇다면 "하나님, 왜입니까? 내 삶 가운데 아직까지 내가 알지 못하는 것이 무엇입니까?"라고 물으십시오. 하나님의 말씀에 귀를 기울이십시오. 모든 것이 하나님의 손 안에 있기 때문입니다.

약이든 병원이든 의사든 하나님께서 만들지 않으신 것이 있습니까? 하나님은 뜻이 있어서 모든 것을 만드셨습니다. 의사는 하나님의 거룩한 동역자입니다. 하나님은 당신의 믿음의 기도로 역사하시며 치유사역자를 통해서도 역사하십니다. 하나님께서는 약도 사용하시고 의사의 손길도 쓰십니다. 그러나 가장 중요한 사실은 무엇보다 이 모든 것의 근원이 예수 그리스도이시라는 것입니다.

당신은 진정으로 예수님을 믿습니까? 예수님만이 치유자이십니다. 예수님은 우리가 모태에서 조성되기도 전에 우리를 보고 계셨고 우리를 만드신 창조자이십니다(사 44:24). 그분께 당신 전부를 드리지 않으면 우상숭배 하는 것입니다. 예수님보다 더 높아진 모든 것이 우상이라는 것을 기억하십시오. 약도 쓰고 병원에도 가고 의사의 진료도 받으십시오. 치유집회에도 참석하십시오.

약도 의사도 치유사역자도, 예수님이 당신에게 보내주신 선물입니다. 예수님만이 치유자이십니다. 예수 그리스도만이 우리의 생명이심을 믿으십시오.

모든 사람이 치유되지 못하는 이유는 무엇인가?

2천 년 전 예수님 앞에 나온 사람은 다 치유함을 받았습니다. 예수님은 예수님께 오는 자 모두를 치유해주셨습니다. 그런데 오늘날에는 왜 그렇지 못합니까? 소위 치유사역자(사실 치유사역자라는 말은 정확한 표현이 아니라고 생각합니다. 치유하시는 분은 예수님이시기 때문입니다. 저 역시 사람들을 예수님 앞으로 인도하는 자일 뿐입니다)라는 저 같은 사람은 다 치유하지 못합니다. 그래서 많은 사람들이 치유사역을 비판하기도 합니다. "당신이 예수님이 하신 동일한 사역을 하고 있다면 예수님처럼 다 고쳐야 하는데, 일부분만 치유되고 나머지는 치유되지 않으니까 당신이 하는 사역은 예수님이 하신 사역과 다르다"라고 말합니다.

전 세계적으로 치유사역자들이 집회를 통해 병자를 치유할 때, (물론 특별한 경우도 있지만) 대부분 치유된 사람에 비해 치유되지 않은 사람들이 훨씬 많은 것이 일반적인 사실입니다. 여기에 딜레마가 있습니다. 병자는 간절한 기대감을 안고 예수 그리스도를 바라보며 치유집회에 참석하는데, 예수님은 다 치유하셨지만 치유사역자는 그렇지 못하다면, 사람들은 그 사실을 어떻게 받아들이게 될까요?

저물매 사람들이 귀신 들린 자를 많이 데리고 예수께 오거늘 예수께서 말씀으로 귀신들을 좇아내시고 병든 자를 '다' 고치시니 마 8:16

예수께서 모든 성과 촌에 두루 다니사 저희 회당에서 가르치시며 천국 복음을 전파하시며 '모든 병과 모든 약한 것'을 고치시니라 마 9:35

예수께서 아시고 거기를 떠나가시니 사람이 많이 좇는지라

예수께서 저희 병을 '다' 고치시고 마 12:15

하나님이 나사렛 예수에게 성령과 능력을 기름 붓듯 하셨으매 저가 두루 다니시며 착한 일을 행하시고 마귀에게 눌린 '모든 자를' 고치셨으니 이는 하나님이 함께하셨음이라 행 10:38

이 말씀을 요약해보면 다음 세 가지로 정리할 수 있습니다.

첫째, 예수님의 치유사역에는 차별이 없었습니다. 이 사람도 저 사람도 누구든지 예수님 앞에 왔을 때 예수님이 전부 치유하셨습니다. 둘째, 예수님은 질병의 종류에 상관없이 다 치유하셨습니다. 셋째, 예수님의 치유사역 성공률은 100퍼센트였습니다. 그러나 오늘날의 치유사역은 100퍼센트가 아닙니다.

예수님께서는 인자(人子)로서 이 땅에서 이 땅을 다스릴 권세를 가지셨고 질병을 치유하셨고 마귀를 멸하셨습니다. 그분에게는 처음부터 죄가 없었습니다. 하지만 모든 인간은 처음부터 죄가 없었던 것이 아니라 죄를 사함 받았습니다. 따라서 우리의 육신은 여전히 죄의 세력에 노출되어 있는 상태이고 예수 그리스도를 믿기 전, 그러니까 하나님의 생명이 우리 안에 들어오기 전에 우리는 육적으로 타락했던 사람들입니다.

그렇다면 이러한 인간인 치유사역자가 어떻게 예수님처럼 온전할 수 있겠습니까?

예나 지금이나 믿음으로 나온 자는 모두 치유하신다!

어떤 치유사역자라도 모든 사람을 다 치유하지는 못하기 때문에 우리의 마음속에서는 이미 이런 생각이 일어납니다.

'나는 치유되지 않을 거야.'

'이런 사람은 치유되겠지만 나 같은 사람은 안 될 거야.'

'오늘 이 시간에 100퍼센트 치유는 안 일어날 거야.'

이렇게 우리는 스스로 하나님을 제한하고 있습니다. 우리를 치유하시는 분은 내 앞에 있는 인간이 아니라 예수님이십니다. 우리 안에 계신 예수님이십니다. 우리 가운데 치유가 10퍼센트, 20퍼센트, 30퍼센트밖에 일어나지 않는다 할지라도 하나님의 말씀은 진리입니다. 예수님이 다 치유하신 것처럼 우리가 가져야 할 믿음 역시 동일합니다. 치유자이신 예수님이 지금 우리도 다 치유하신다는 것을 믿어야 합니다.

"다 치유되는 일은 없어! 나는 안 될 거야."

이것은 얼마나 잘못된 생각입니까? 예수님의 치유사역 성공률은 100퍼센트였고, 무슨 질병이든지, 얼마나 오래되었든지, 심지어 죽었든지, 믿음이 적은 자나 큰 자, 높은 자나 낮은 자, 가난한 자나 부한 자, 배운 자나 배우지 못한 자나 상관없이 예수님은 예수님 앞에 나오는 누구든지 다 치유하셨습니다. 설령 오늘 우리의 현실에서 그런 일이 일어나지 않는다고, 우리가 우리 스스로 예수 그리스도를 제한한다는 것은 말이 되지 않습니다. 예수님께서 우리 모두 치유하신다는 믿음이야말로 진정한 믿음입니다.

그 예수님께서 우리에게 믿음을 요구하셨습니다. 다른 것은 아무것도 요구하지 않으셨습니다. 믿음으로 나온 자는 다 치유하셨습니다. 열두 해를 혈루증으로 고통 받던 여인은 예수님의 옷자락에 손을 대었고 예수님은 그 여인에게 "네 믿음이 너를 구원하였다"고 말씀하셨습니다. 사람들이 회당장 야이로의 딸이 죽었다는 소식을 전했을 때 예수님은 야이로에게 "두려워 말고 믿기만 하라"고 말씀하시고 그 딸을 일으켜 세우셨습니다. 마가복음 9장에 귀신들린 아들을 둔 아버지 이야기, 마가복음 10장에 소경 거지 바디매오 이야기 등 그 밖에도 믿었을 때 기적이 일어난 사건은 많습니다.

그러나 예수님도 예수님의 고향에서는 아무 권능도 행하실 수 없었습니다(막 6:5). 왜냐하면 믿음이 없는 자는 치유하실 수 없었기 때문입니다. 2천 년 전 예수님은 믿음으로 나온 자를 다 치유하셨습니다. 하지만 오늘 우리는 믿음으로 나왔지만 치유되지 않는 경우가 더 많은 것이 현실입니다.

치유 여부로 하나님의 사랑과 예수님의 대속을 멸시치 말라

여기에 하나님의 신유와 치유사역의 딜레마가 있습니다.

첫째, 우리는 하나님의 말씀을 우리의 경험 수준으로 끌어내려서 하나님의 권능을 제한하는 우(愚)를 범하고 있습니다. 설령 치유가 일어나지 않더라도, 100퍼센트 성공률을 보장하지 못할지라도 마음으로 하나님의 말씀을 재단하지 말아야 합니다. 있는 그대로 믿어야 합니다.

둘째, 우리는 자신의 문제가 아닌 하나님의 뜻을 가지고 예수님 앞에 나와야 합니다. 어떤 사람은 예수님 앞에 나아가는 요구조건을 모두 충족시켰는데 왜 치유되지 않느냐고 항의하기도 합니다. 물론 하나님은 우리를 사랑하십니다. 하나님은 우리를 돌보기를 원하고 우리가 잘되기를 원하십니다. 그렇다고 해서 하나님이 우리의 필요와 욕구를 채워주기 위해 존재하시는 분은 아닙니다. 그런데 어리석게도 많은 사람들이 하나님을 이용하기 위해 하나님을 믿고 있습니다.

하나님은 우리를 지으신 창조주이십니다. 우리가 하나님의 뜻에 동참하도록 우리를 지으셨습니다. 그런데 구원 받았다고 자부하는 사람이 예수님만 십자가에 못 박고 자신은 펄펄 살아서 하나님을 마치 〈알라딘과 요술램프〉에 나오는 '지니'처럼 자신의 문제를 해결해주기 위해 존재하는 분으로 믿는다면 얼마나 한심한 일입니까?

병이 낫기를 바라는 자신의 내면 깊숙한 동기가 무엇인지 점검해보십시오. '하라는 것 다했는데 나는 왜 안 낫느냐?'라고 묻고 있다면 자신의 내면을 점검하고 올바르지 못한 동기를 바꾸십시오. 하나님을 더 알아가게 되기를 바랍니다. 당신의 문제가 아니라 그 문제가 하나님의 뜻을 이루는 일로 변화되기를 바랍니다(당신의 몸이 당신 것이 아니라 그리스도의 몸이라면 이제 당신에게 닥친 일이나 질병은 당신의 문제가 아닙니다). 하나님의 뜻을 이루는 일에 동참하는 사람이 되기를 바랍니다. 당신의 기도가 바뀌기를 바랍니다.

셋째, 여전히 종교적 결정론에 입각한 믿음을 피력하며 스스로 죄책감, 정죄감, 죄의식에 빠지는 것은 하나님의 사랑과 예수 그리스도의 십자가 대속(代贖)을 멸시하는 행동입니다. 하나님이 자신의 병이 낫도록 만져주지 않으셨다고, 하나님이 자신을 사랑하지 않는다는 식으로 자기 연민에 빠지는 것은 무식하고 교만한 것입니다.

하나님은 당신 한 사람을 사랑하기 위해 자신의 아들을 십자가에 못 박으신 분입니다(롬 5:8). 당신이 진짜 구원 받았다면 그것은 하나님이 예수님과 똑같이 당신을 사랑하신다는 의미입니다(요 17:23). 지금도 자신의 병이 치유되지 않은 것을 한탄하며 하나님의 가슴을 찢는 어리석은 행동을 하고 있지는 않습니까? 당신을 구원하신 하나님의 사랑을 의심하지 마십시오.

구원 받은 당신은 이제 다시 예수 그리스도와 나뉠 수 없다

너무나 교묘하게도 사탄은 우리를 속이고 있습니다.

우리는 건강할 때, 내 안에 계신 예수 그리스도, 그리스도 안에 있는 나, 나는 죽고 예수 그리스도가 사는 그런 삶을 산다고 여깁니다. 그런데 질병이 생기고 자신에게 고통이 찾아오면 그때는 예수 그리스도 안에 나나 내 안에 있는 그리스도는 온데간데없이 사라지고 자신과 예수 그리스도, 자신과 하나님이 분리됩니다. 그 즉시 하나님이 나를 사랑하지 않는다느니, 자신에게 아직도 자신이 알지 못하는 죄가 있다느니, 아직 믿음이 부족하니 이렇게 생각한다는 것입니다. 그런데 이것은 정말 우스운 이야기입니다.

왜냐하면 당신에게 질병이 있을 때나 없을 때나 당신은 이미 죽었습니다. 당신이 죽고 당신 안에 그리스도가 사십니다. 그리스도의 영이 당신 안에 있고 당신이 예수 그리스도의 삶을 사는 것입니다. 그런데 어떤 문제가 발생한다고 해서 바로 구원 받기 전으로 돌아가는 것이 가능합니까? 예수님과 당신이 분리될 수 있습니까? 당신이 구원 받기 전 죄인이었을 때처럼 구원 받은 후에 당신이 예수님과 동격인 별개의 인격체로 살아갈 수 있습니까? 다시금 자기중심적인 자존자의 삶을 살아간다는 것이 가능합니까? 그럴 수 있다고 생각하게 만드는 것, 그것이 바로 사탄의 속임입니다.

새 언약의 삶은 나의 삶이 아니라 예수 그리스도의 삶입니다. 당신이 살아 있다면 당신에게 있는 모든 문제와 필요가 당신의 욕구를 채우기 위한 것이지만, 당신이 십자가에 당신의 자아를 못 박았다면 이제 당신의 모든 문제와 필요까지 하나님의 뜻으로 편입되는 것입니다.

이제 우리의 기도는 자기 자신의 문제와 필요를 위한 것이 아니라 이 땅에 하나님의 뜻을 이루는 기도가 되어야 하는 것입니다. 그것이 바로 '왕의 기도'이며 새 언약, 친 백성이 마땅히 드려야 할 기도입니다. 당신이 오직 자신의 질병이 치유되기만을 간구한다면 당신은 아직도 옛 사람의 삶, 율법적인 삶을 살고 있는 것입니다. 당신 안에 하나님의 생명과 친밀함이 없다는 것을 나타내는 것입니다.

하나님께서 예수님을 십자가에 못 박으신 이유가 무엇입니까? 우리에게 하나님의 사랑을 확증하고, 우리가 그리스도 안에서 하나님의 의(義)가 되게 하고(고후 5:21), 하나님의 아름다운 덕(德)을 선전하게 하고(벧전 2:9), 하나님의 선한 뜻에 열심 하는 친 백성(딛 2:14)이 되게 하기 위해서입니다. 그래서 하나님께서 우리에게 예수님을 보내주셨습니다. 그렇다면 이제 우리의 삶은 우리의 삶이 아니라 하나님의 뜻을 이루는 삶입니다. 이제 우리는 옛날과 같지 않습니다. 구원 받은 그 순간부터 우리는 죽었습니다(갈 2:20). 우리는 예수 그리스도 안에 있는 새로운 피조물입니다(고후 5:17).

어떤 일이 벌어지더라도 당신과 예수 그리스도를 분리해서는 안 됩니다. 하나님과 거래하지 마십시오. 이제 우리의 삶은 '나' 혹은 '하나님'을 바라보거나 '내가', '하나님이' 이렇게 나 따로 하나님 따로 생각할 수 있는 것이 아닙니다. 우리는 이 세상에 사는 것이 아니라 하나님나라에 살고 있습니다. 내 안에 하나님의 생명이 있습니다. '나'는 죽었기 때문에 내 앞에 닥친 모든 문제는 이제 나의 문제가 아니며 하나님의 뜻을 이루는 문제입니다(고전 6:19,20).

하나님의 절대주권을 인정하는 동시에 날마다 그분께 귀 기울여라

그렇기 때문에 그 일은 내가 이루는 것이 아니라 내 안에 계신 하나님께서 내게 주신 말씀을 믿고 선포할 때 그 말씀대로 이루어지는 삶입니다. 하나님의 약속은 얼마든지 그리스도 안에서 예가 되니 그러므로 그리스도로 말미암아 우리가 하나님께 영광을 돌리게 되는 것입니다(고후 1:20). 따라서 모든 약속의 말씀은 예수 그리스도 안에 있어야 합니다. 또 설령 성경에 있는 모든 말씀을 다 지켰다 하더라도 하나님께서 약속하신 모든 것은 하나님의 절대적인 주권이지 하나님이 제시한 요구조건을 우리가 충족시켰기 때문에 이루어진 것이 아닙니다. 우리는 다만 토기일 뿐, 그분이 토기장이십니다.

우리는 이 땅에서 우리 육신의 호흡이 얼마나 붙어 있는지 거기에 관심이 있는지 모르지만, 하나님의 관점에서 인생의 연수는 그저 찰나일 뿐입니다. 하나님은 우리에게 주신 영생(永生)의 관점에서 우리를 보고 계십니다. 우리는 하나님의 신비를 인정해야 합니다. 오늘 당신이 열심을 내어 그분에게 다가갔다 할지라도 그분이 묵묵부답하실 때, 그때도 그분은 여호와 하나님이십니다.

여호와의 말씀에 내 생각은 너희 생각과 다르며 내 길은 너희 길과 달라서 하늘이 땅보다 높음같이 내 길은 너희 길보다 높으며 내 생각은 너희 생각보다 높으니라 사 55:8,9

우리가 이 점을 인정해야 합니다. 우리가 어떤 법칙이나 공식으로도 설명할 수 없는 인생의 경이로움과 아름다움을 맛볼 수 있는 것은 하나님께서 그 법칙과 기준과 공식을 초월하여 날마다 우리의 삶에 개입하시기 때문입니다.

그렇습니다. 우리는 놀라운 하나님의 신비, 하나님의 절대주권을 인정해야 합니다. 그러면 우리가 모든 일을 하나님의 절대주권으로만 돌려야 합니까? 기도했지만 아무 일도 일어나지 않아도 그것은 100퍼센트 하나님의 절대주권이라 생각하고 무작정 기다리기만 해야 합니까? 아닙니다. 우리는 우리 자신을 돌아볼 줄 알아야 합니다.

우리의 삶을 우리가 다 알 수 있다면 얼마나 좋겠습니까. 그런데 사실은 우리가 어떤 직간접적인 죄 가운데 놓여 있는지 우리는 잘 모릅니다. 오늘 어떤 주위 환경이 내게 영향을 미치는지, 육적으로, 혼적으로, 영적으로, 악한 영이 지금 나의 어떤 틈을 바라보고 있는지, 다른 사람이 나에 대해 어떤 감정을 가지고 나를 생각하는지, 지금 내가 거하는 이 장소에서 과거에 어떤 일이 벌어졌는지 우리는 모릅니다. 모르는 것이 너무나 많습니다.

우리가 우리에게 닥친 문제의 근원을 찾는 것은 바다 한가운데 떨어뜨린 바늘을 찾는 것과 같습니다. 그러나 그것을 포기하고 그 바다를 만드신 하나님께 여쭈어볼 때 하나님께서는 그 바늘이 어느 곳에 어느 깊이에 있는지 말씀해주십니다. 그럴 때 우리는 하나님의 절대적인 주권을 인정하면서 동시에 우리를 우리 자신보다 더 잘 아시고 우리의 모든 삶을 우리보다 온전하게 아시는 그분께 날마다 나아가게 되는 것입니다. 그러기 위해서 우리는 하나님의 음성을 들어야 합니다. 하나님께 의지하여 하나님의 영의 인도함을 받아 날마다 하나님 앞에 무릎 꿇어야 합니다.

하나님이여 나를 살피사 내 마음을 아시며 나를 시험하사 내 뜻을 아옵소서 내게 무슨 악한 행위가 있나 보시고 나를 영원한 길로 인도하소서 시 139:23,24

'주님, 내가 알지 못하는 것을 깨닫게 하시고 생각나게 하시고 보여주시옵소서.'

어떤 일이 그렇게 될 수밖에 없는 이유는 오직 주님만이 아십니다. 그분에게 귀 기울이는 삶을 사십시오. 그것이 균형입니다. 하나님의 절대주권을 인정하며 한편으로 하나님께 귀 기울이는 삶을 살아야만 어느 한쪽으로 치우치지 않는 온전한 그리스도인의 삶을 살 수 있습니다.

하나님의 비밀을 더 깊이 알아가는 삶을 추구하라

우리는 예수 그리스도께서 하신 모든 일들을 온전히 받아들여야 합니다. 왜냐하면 오늘 우리에게 치유가 일어나지 않고 치유 사역자가 우리를 예수님처럼 전부 다 치유하지 못한다 할지라도 예수님의 말씀만이 진리이기 때문입니다. 그분만이 생명입니다. 우리는 그것만 붙들어야 합니다. 그 진리를 우리의 경험 수준으로 내려서 적당한 생각, 적당한 신학으로 바꿔서는 안 됩니다.

우리가 하나님이 말씀하신 믿음으로 나아갈 뿐만 아니라 모든 조건을 충족시켰다 해도 우리에게는 하나님께 요구할 권리가 없습니다. 하나님이 묵묵부답하실 때에도 우리는 하나님의 신비, 하나님의 절대주권을 인정해야 합니다. 그러나 거기에서 포기하지 마십시오. 하나님께서는 우리에게 더 많은 것들을 보여주기 원하십니다. 하나님은 우리가 하나님 앞에 나오기를 원하십니다. 하나님은 하나님을 찾는 자를 만나주십니다.

나를 사랑하는 자들이 나의 사랑을 입으며 나를 간절히 찾

는 자가 나를 만날 것이니라 잠 8:17

하나님은 절대로 그냥 보여주시지 않습니다. 감추어놓으십니다. 그러나 하나님을 믿고 나아오는 자에게는 이 세상에서 볼 수 없는 것을 날마다 보게 하시고 들을 수 없는 것을 날마다 듣게 하십니다. 그것이 하나님의 방식입니다.

그렇기 때문에 우리는 하나님의 절대적인 주권을 인정하는 데서 그치는 삶이 아니라 그분 앞에 더 나아가야 합니다. 간절히 그분을 더 알아가는 삶을 살아가야 합니다. 그것이 바로 하나님이 우리에게 원하시는 진정한 삶입니다.

사실 하나님은 우리가 원하는 결과에 그리 큰 관심이 없으십니다. 왜냐하면 그것은 아버지가 푼돈으로 자식에게 뭔가 사주는 정도밖에 되지 않기 때문입니다. 아버지의 진짜 관심은 그 자녀가 아버지와 어떤 관계를 갖기 원하느냐에 있습니다. 그분은 온 천지 만물을 지으시고 죽은 자도 살리시는 분으로, 우리의 질병쯤은 그분에게 아무것도 아닙니다. 그분이 진정으로 원하는 것은 우리가 그분에게 귀 기울이고 그분의 음성을 듣고 그분의 비밀을 더 많이 아는 것입니다. 하나님은 하나님 자신과 더 깊은 친밀함을 나누고 하나님을 더 깊이 사랑하기 원하는 사람들을 찾고 계십니다.

치유사역과 치유기도에 대해 온전하고 건전한 믿음을 가지십시오. 이것을 알지 못하면 치유를 위해 기도하거나 치유집회에 참석했다가 낙심하여 고개를 떨어뜨리고 갖가지 부정적인 생각에 사로잡힌 채 하나님과의 교제마저 멀어집니다. 우리는 궁극적으로 하나님을 더 알아가는 삶을 추구해야 합니다. 지금 문제를 가지고 나왔다면 그 문제를 십자가에 못 박아버리십시오. 그리고 이제는 그 문제가 아버지의 뜻임을 알아서, 단지 자기 문제만 해결받기 원하던 기도가 아버지의 뜻을 이루는 기도로 바뀌기를 바랍니다.

THE HEALING PRAYER

chapter 2

예수 그리스도의 영으로 새로운 사고체계를 이루십시오

심령이 새롭게 되어 새 사람이 된다는 것은 내 안에 오신 그리스도의 영 때문에 내 안에 새로운 사고체계가 만들어져서 그 사고체계에 따라 자신의 정체성이 확립되고 세상을 바라보고 이 땅의 삶을 사는 것입니다. 그럴 때 우리는 전혀 다른 삶을 살게 되는데, 그것을 가리켜 '새로운 피조물'이라 부르는 것입니다.

chapter 2

하나님나라 백성의 사고체계가 있는가?

나는 올해 가족과 함께 제주도에 가서 제주 월드컵 경기장 바로 옆에 있는 익스트림아일랜드라는 곳에 다녀왔습니다. 그곳에서 입체 안경을 끼고 좌석에 앉아 벨트를 매고 화면을 보기 시작하자 갑자기 영상이 나를 덮칠 듯이 내 앞으로 달려들었습니다. 어디선가 바람이 불어오기도 하고 빠른 속도로 협곡을 통과하기도 하고 의자가 상하좌우로 심하게 요동치기도 했습니다. 마치 우리가 실제 기차를 탄 것처럼 미끄러지더니 그 기차가 천 길 낭떠러지로 떨어지는 것 같아 우리 가족은 계속해서 비명을 질렀습니다.

하지만 그것은 실제 사실이 아닙니다. 실체는 아무것도 아니었습니다. 대형 스크린 하나와 흔들리도록 장치해둔 의자밖에 없었습니다. 그런데도 영상을 보다보니까 마치 내가 그 장소에 있는 것처럼 현장감이 느껴지며 순간순간 모든 것을 느끼고 생각하게 되더라는 것입니다.

'나 이러다가 죽을 거 같아….'

'어어, 떨어지겠어….'

편안한 의자에 앉아서 안 떨어지겠다고 몸을 비틀고 의자를 꽉 붙든 것을 생각해보니, 우리가 이 세상을 사는 것도 마찬가지라는 생각이 듭니다. 세상의 실체는 전혀 그렇지 않은데, 우리는 마음 안에 형성된 사고체계(사실과 현상에 대한 마음의 주관적 해석 혹은 반응)에 기초하여 세상을 '그렇게' 보고 '그렇게' 생각하고 '그렇게' 느끼면서 스스로 일희일비(一喜一悲) 하는 인생을 살아간다는 말입니다. 그러나 우리가 진정으로 그 실체와 그 실체의 본질을 안다면 우리는 전혀 그럴 필요가 없습니다.

우리는 각자 우리 안에 (어릴 때부터 자연스럽게 형성된) 사고체계를 가지고 있습니다. 우리는 그 사고체계에 따라 형성된 생각, 개념, 이미지, 느낌대로 살아갑니다. 그 때문에 자살하기도 하고, 그 때문에 하나님이 누구신지도 모르고, 그 때문에 하나님을 원망하며 살아가기도 합니다. 우리의 사고체계란 자기 편견이라고도 할 수 있습니다. 그렇다면 잘못된 사고체계[성경에서는 이것을 '견고한 진(陣)(고후 10:4)'이라고 부른다]는 우리를 파멸시키는 도구가 되기도 합니다.

당신은 이 세상의 실체를 제대로 보고 살아갑니까? 아니면 자신도 모르게 어릴 때부터 자기 안에 형성된 사고체계 안에서 세상과 전혀 다르게 혼자 울고 웃고 슬퍼하고 우울하고 죽고 싶다고 생각하며 살아갑니까? 이제 우리는 우리가 얼마나 속고 살아가는지, 하나님의 진리는 무엇이고, 하나님나라 백성으로서 어떤 사고체계를 가지고 살아야 하는지 분명히 깨달아야 합니다.

하나님나라 백성으로 변화될 수 있는 방법

안타깝게도 우리 주위에는 아직까지 자신의 생각, 자신의 감정, 자신의 의지적인 행동으로 예수님을 섬기고 교회생활을 열심히 하면 된다고 여기는 사람들이 많습니다. 그러나 성경에는 분명히 이렇게 나와 있습니다.

> 무릇 하나님의 영으로 인도함을 받는 그들은 곧 하나님의 아들이라 롬 8:14

오늘날 하나님의 영으로 인도함을 받지 않으면서 하나님의 자녀로 자부하며 살아가는 사람이 얼마나 많은지 모릅니다. 영의 구원함을 받았습니까? 그렇다면 당신의 사고체계도 변화를 받아야 마땅합니다. 그런데도 우리의 영은 구원 받아 새롭게 되었지만 우리의 사고체계는 여전히 구습(舊習)의 틀을 벗어나지 못하는 경우가 대부분입니다(롬 8:10,11).

그럼 우리가 하나님나라의 백성으로 변화되려면 구체적으로 어떻게 해야 합니까? 우리의 행동 양식이 변화되면 하나님나라 백성이 될 수 있습니까? 지금까지는 내가 이렇게 생각했지만 이제부터는 바꾸겠다, 말씀대로 살겠다, 그렇게 결심하고 행동을 변화시키면 하나님나라 백성이 될 수 있는 것입니까? 그렇지 않습니다. 남자가 군대에 가면 얼마든지 행동 양식의 변화가 일어납니다. 얼차려를 받으면 안 붙는 무릎도 다 붙일 수 있습니다. 군기가 꽉 잡혔을 때는 못할 일이 없습니다. 하지만 제대하면 다시 원위치로 돌아갑니다.

많이 배워서 생각이 바뀌면 자신이 변화될까요? 그렇지 않습니다. 왜냐하면 인생은 자기가 생각하는 대로 살 수 있는 것이 아니며 자신도 자기 자신을 모르기 때문입니다. 자기가 생각하고, 자기가 느끼고, 자기가 행동하는 것조차 자기 스스로 모를 때가 많습니다.

우리가 진정으로 바꿔야 하는 것은 우리의 생각과 느끼는 감정과 의지가 아닙니다. 그렇게 생각하고, 그렇게 느끼고, 그렇게 행동하도록 만드는 우리의 사고체계를 바꿔야만 우리의 삶이 변화된다는 것을 명심하십시오.

사고체계가 바뀌어야 인생이 바뀐다

우리의 마음이란 다른 말로 혼(魂, soul)입니다. 우리의 혼은 정신, 감정, 의지로 구성되어 있으며, 이 모두를 마음이라고 합니다. 그런데 우리 안에는 우리의 정신과 감정과 의지가 그렇게 작용하도록 만드는 사고체계가 이미 존재합니다. 그 사고체계는 주로 부모로부터 양육 받던 어린 시절에 무의도적 무의식적으로 형성된 것입니다. 그 사고체계가 바뀌어야만 우리의 인생도 바뀔 수 있습니다.

예를 들어서 플라스틱 병에 물이 반쯤 차 있다고 생각해보십시오. 병에 물이 있다는 것은 '사실'이자 우리가 보는 '현상'입니다. 그러나 그것을 보고 말하고 느끼는 것은 사람마다 다릅니다. 같은 사실과 현상을 보더라도 어떤 사람은 충족감을 느끼면서 '야, 물이 반이나 차 있네'라고 하지만, 어떤 사람은 부족함을 느끼면서 '애개, 물이 반밖에 없잖아'라고 합니다. 각자 직면한 사실이나 현상이 같더라도 보고 말하고 생각하고 느끼는 것이 각각 다른 것은 바로 사고체계가 다르기 때문입니다.

사고체계란 우리의 의식(意識)의 틀, 혹은 주형(鑄型), 철학적으로 이야기하자면 세계관(world wide view)이라고 할 수 있습니다. 그 사고체계가 무엇이며 그 사고체계의 근원이 무엇인지 깨닫는 것, 그 사고체계를 어떻게 바꿔야 하는지 아는 것이 하나님나라 백성으로 변화될 수 있는 요체입니다.

우리는 육(肉)과 혼(魂)을 소유한 영적(靈的)인 존재입니다. 그런데 세상 사람들은 물론 그리스도인들조차 사람을 육 가운데 혼을 소유한 존재로 여기며 살아갑니다. 왜냐하면 영은 우리가 느낄 수도 없고, 볼 수도 없고, 만질 수도 없기 때문입니다. 그러나 사람은 영적인 존재이며 우리의 혼과 육은 명백히 영의 영향을 받고 있습니다.

사람들은 단순히, 나는 내 생각대로, 내 사고체계대로 살아간다고 여길는지 몰라도 그 사고체계는 또한 궁극적으로 당신 안에 존재하는 영의 영향을 받고 있습니다. 그런데도 우리는 영에 대해 이야기하지 않습니다. 우리의 세계관이 영의 영향을 받는다는 사실을 인식하지도 못하고 가르치지도 않습니다. 오늘날 기독교적 세계관에 대한 많은 연구도 이 문제를 등한시하고 있습니다.

본질상 진노의 자녀의 영의 사고체계

인간이 죄를 짓고 타락하자 인간 안에 계시던 하나님의 영광이 우리를 떠나버렸습니다. 우리가 타락하기 전에 우리 마음은 하나님의 본질을 가득 품고 살았습니다. 그러나 타락의 결과 세상 신(神)이 우리 심령 안에 들어왔고 우리 마음에 세상 신의 본질이 계속 부어졌습니다. 그러자 우리 마음판에는 세상 신의 뜻, 세상 신의 목적, 세상 신의 특징이 가득하게 되었습니다.

> 그 때에 너희가 그 가운데서 행하여 이 세상 풍속을 좇고 공중의 권세 잡은 자를 따랐으니 곧 지금 불순종의 아들들 가운데서 역사하는 영이라 엡 2:2
>
> He is the spirit at work in the hearts of those who refuse to obey God. NLT

성경 말씀에 따르면, 세상 신은 순종하기를 거절하는 사람들의 심령에서 역사하는 영이라고 표현합니다. 본래 우리의 심령에는 하나님의 생명이 있고, 그 하나님의 영광이 우리 마음판에 하나님의 뜻과 목적을 비추어서, 우리는 우리 마음에 가득한 하나님의 뜻을 선포하며 그것을 보고 믿으며 살아왔습니다.

그러나 세상 신이 우리 안에 들어와 우리 마음판에 세상 신의 본질을 비추었고 우리는 본질상 진노의 자녀의 삶을 살아가게 되었습니다. 사탄은 목적하는 바, 하나님으로부터 우리를 분리하여 우리가 하나님이 누구신지 알지 못하게 하고, 처음부터 하나님의 말씀에 순종하고 그 말씀을 이 땅에 이루는 존재로 지음 받은 우리가 하나님의 말씀을 의지하지 못하게 하고, 사탄의 말에 귀 기울이도록 속삭였습니다.

하지만 사탄이 직접 "내 말을 들으라"고 꼬드기는 것은 아닙니다. 사탄은 우리에게 "네가 하나님처럼 될 수 있고, 너는 하나님처럼 지혜로울 수 있다. 네가 너의 주인이며 너는 네 육신과 마음이 원하는 대로 살면 된다"라고 속살거립니다.

그래서 우리는 더 이상 하나님께서 말씀하시는 것을 들을 수 없고, 반응할 수 없고, 그 하나님의 뜻을 이 땅에 이룰 수도 없게 되었습니다. 사탄이 우리에게 속삭이는 대로, 내 뜻대로, 내 생각대로, 내 감정대로, 육체와 마음이 바라는 대로 행하는 본질상 진노의 자녀로 전락한 것입니다. 그것이 사탄의 책략입니다.

전에는 우리도 다 그 가운데서 우리 육체의 욕심을 따라 지내며 육체와 마음의 원하는 것을 하여 다른 이들과 같이 본

질상 진노의 자녀이었더니 엡 2:3

타락한 인간은 모두 이렇게 살았습니다. 나의 할아버지, 나의 아버지도 다른 사람들과 마찬가지로 죄악 가운데 태어났습니다(롬 5:12). 우리는 모두 죄 가운데 죄악 된 부모로부터 이 세상에 태어났습니다. 의인은 없으니 한 사람도 없고, 우리는 영이 무엇인지도 몰랐습니다.

우리는 자신의 육체가 전부인 줄 알고 살아왔습니다. 교묘하게도 세상 신은 하나님의 영광이 없는 우리 안에 들어와 우리의 마음과 육체가 전부인 것처럼 우리를 속였습니다. 하나님과 우리의 관계를 알지 못하도록 그렇게 교묘하게 우리를 속여왔습니다.

진짜 '나'와 상관없이 형성된 육신의 사고체계

우리가 처음 이 땅에 태어났을 때, 우리 안에는 이미 세상 신(神)이 들어와 있었습니다.

우리의 마음판은 백지 같았고 아무것도 없었습니다. 시간이 흐르면서, 우리는 외부로부터 들어오는 어떤 자극에 대해 적절히 반응하는 것을 배우기 시작했습니다. 우리는 아무것도 없는 우리의 마음판에 우리 눈에 보이는 대로, 부모가 가르쳐주는 대로 100퍼센트 믿음으로 반응했고, 흰 캔버스 같던 우리의 마음판에도 차츰 경험이 쌓이기 시작했습니다.

어린 시절을 한 번 떠올려보십시오. 어린아이는 혼란스러운 경험을 하기 시작합니다. 어떨 때는 울면 엄마가 젖을 주었습니다. 그러다가 또 어떨 때는 울면 엉덩이를 때리기도 합니다. 그런 경험들도 하나둘 마음판에 쌓여갔습니다.

우리는 우리의 심령 가운데 있는 세상 신(神)에 의해 왜곡된 경험을 할 뿐만 아니라 타락하고 폐쇄된 이성(理性)의 작용에 따라 그 경험들을 합리화시켜서 생각합니다. 그러면서 어떻게 생각하고 느끼고 어떻게 반응하며 살아가게 되는 것인지 점차 익히게 됩니다. 더 나아가 자신과 남을 구별하게 되고, 이렇게 살면 되고, 이럴 때는 웃어야 하고, 이럴 때는 울어야 하고, 넘어지거나 구르면 아프고 등등 작은 것 하나까지 경험하고 깨달아갑니다.

그런 경험들이 모여서 소위 말하는 '내가' 되는 것이고, 그렇게 해나가는 방법과 태도들이 바로 '사고체계'인 것입니다. 사고체계는 우리 안에서 계속 이루어져가고 있습니다. 그러나 이 사고체계는 자기 자신의 의도와 전혀 상관이 없습니다. 사실은 내가 어떤 부모를 만났고, 대대로 내려오는 가풍이 어떤가에 따라 각자의 사고체계도 달라집니다. 그렇기 때문에 똑같은 사물을 보더라도 생각하고 느끼는 것이 서로 달라지는 것입니다.

부모가 얼마나 무조건적인 사랑과 용납을 베풀었느냐, 부모가 자녀들을 얼마나 학대했느냐, 부모의 성격이 어떠냐 하는 것도 무의도적으로 무의식적으로 받아들입니다. 한 사람의 사고체계가 형성되었을 때, 그것은 옳고 그르고 좋고 나쁘고가 없습니다. 왜냐하면 그가 선택하지 않았기 때문입니다. 어느새 자기 안에 무의도적으로 무의식적으로 들어와 형성되어버렸기 때문입니다.

그런데도 사람들은 자기가 의도하지 않았고 부지불식간에 형성된 이 사고체계를 통해 '내가', '나는'이라고 말하고 생각하면서 각자의 삶을 살아갑니다.

하나님의 영만이 하나님의 자녀 됨을 회복시킨다

하나님께서는 말씀으로 천지만물을 지으셨습니다. 하나님께서는 사람을 지으시고 그분 자신의 생기를 불어넣으심으로써 친히 우리 안에 들어오셨습니다. 우리는 하나님의 자녀가 되었습니다. 우리 안에 하나님의 생명이 들어왔기 때문에 우리는 그분의 말씀에 반응할 수 있고, 그분의 말씀에 순종할 수 있고, 그분의 뜻을 이 땅에 실체로 나타내는 존재가 되었습니다.

사람은 본래 하나님께서 말씀으로 지으신 이 모든 피조 세계를 다스리는 존재로 지음 받았습니다. 하나님이 지으신 본래 인간은 하나님의 뜻을 이루는 존재였지만, 타락 후에는 세상 신(神)의 뜻을 이루는 존재로 변화되었습니다. 처음에는 이 세상을 다스리는 존재였으나 타락한 후에는 이 세상의 영향을 받는 존재로 전락한 것입니다.

그러나 우리는 타락 후의 인간이 아니라 타락 전에 인간이 진짜 인간이라는 것을 분명히 알아야 합니다. 진짜 인간은 이 세상의 영향 때문에 행복해지거나 불행해지지 않습니다. 잘 되면 웃다가 못 되면 우는 식으로 세상에 묶여 있는 존재가 아닙니다.

그렇다면 우리가 구원 받은 이유가 무엇입니까? 예수님이 십자가에 못 박히시고 그분의 영이 다시 우리 안에 들어온 이유가 무엇이겠습니까? 단지 구원 받고 열심히 살다가 때가 되면 천국 가게 하려고 예수님이 그렇게 하셨을까요? 아닙니다.

우리가 구원 받은 진정한 의미는 우리가 다시 하나님의 자녀로 회복되었다는 뜻입니다. 이제 더 이상 세상의 영향을 받고 세상에 묶여 있는 존재가 아니라 본래 하나님이 지으신 목적대로 이 세상을 다스리는 존재로 변화되어야 한다는 것입니다. 세상 신의 뜻을 나타내는 존재가 아니라 다시 하나님의 뜻을 나타내는 존재로 변화되어야 한다는 뜻입니다.

하나님의 음성과 말씀이 곧 이 세상의 실체다

하나님께서는 우리 심령에 계셨고 자신의 뜻과 목적을 우리 마음판에 채워주셨습니다. 우리는 하나님의 영광 안에서 그분의 말씀을 통해 세상을 보았고 그분의 음성을 통해 세상의 모든 것들을 들었습니다.

> 하나님이 가라사대 빛이 있으라 하시매 빛이 있었고 창 1:3

하나님은 마음 가득 빛을 보셨고 그 빛을 보신 그대로 말씀으로 선포하셨습니다. 그러자 빛이 생겨났습니다. 천지만물을 지으신 하나님의 생명이 다시 우리 안에 들어왔고, 우리도 하나님의 마음에 가득한 것을 말씀하신 그 말씀을 통해 세상을 바라보고 있는 것입니다.

> 믿음으로 모든 세계가 하나님의 말씀으로 지어진 줄을 우리가 아나니 보이는 것은 나타난 것으로 말미암아 된 것이 아니니라 히 11:3

> 우리의 돌아보는 것은 보이는 것이 아니요 보이지 않는 것

이니 보이는 것은 잠깐이요 보이지 않는 것은 영원함이니라

고후 4:18

그렇습니다. 우리는 하나님이 말씀하신 그 말씀을 통해 세상을 볼 줄 알아야 합니다. 우리가 보는 세상은 지금 보이는 사실과 현상이 어떠하고 그렇기 때문에 이럴 수밖에 없다고 보는 그런 세상이 아닙니다. 하나님이 세상을 지으신 본뜻이 무엇인지 알아서 그 뜻대로 이 세상을 보아야 한다는 것입니다. 내 안에 하나님의 생명이 계시고 나에게 믿음이 있다면 하나님의 말씀을 통해 세상을 바라보아야 합니다. 이 세상을 바라볼 뿐만 아니라 이 세상을 하나님의 뜻대로 바꿔야 합니다.

그 소리가 온 땅에 통하고 그 말씀이 세계 끝까지 이르도다 하나님이 해를 위하여 하늘에 장막을 베푸셨도다 시 19:4

옛적 하늘들의 하늘을 타신 자에게 찬송하라 주께서 그 소리를 발하시니 웅장한 소리로다 시 68:33

모든 것을 창조하신 하나님의 소리는 처음부터 온 우주에 가득했습니다. 우리가 지금 내 귀에 들리는 대로 듣는 것이 아니라

온 우주에 편재하신 하나님의 소리를 통해 모든 소리를 들을 수 있었다는 것입니다. 그것이 본래 인간입니다.

그런데 우리는 지금 세상 신(神)에 속아 세상의 소리를 듣고 세상에 있는 사실과 현상에 묶인 삶을 살고 있는 것입니다. 세상 신에 속아서, 자기 사고체계 안에 갇힌 채, 주관적인 생각과 감정에 따라서 울고불고, 죽고살고를 결정짓고 있다는 것입니다. 이 얼마나 어처구니없는 삶입니까?

이 세상에 묶인 사고체계로는 진정한 변화가 불가능하다

우리의 마음은 본래 하나님의 마음을 나타내는 캔버스였습니다. 하나님의 마음에는 하나님이 지으신 천지 만물이 다 들어 있습니다. 하나님의 마음은 시간도 공간도 물질도 초월합니다. 우리는 그 마음을 통해 이 세상을 바라보았습니다.

그러나 타락하고 난 다음에 우리는 하나님과의 관계가 끊어졌습니다. 세상 신(神)의 속임으로 자기가 하나님인 것처럼 자기가 원하는 대로, 어릴 때부터 형성된 자기의 오감(五感)으로, 자기가 세상에서 경험한 것을 가득 채우는 캔버스로 변해버렸습니다. 이 세상 전부를 품으시는 하나님의 마음을 담았던 우리의 마음이 지금은 세상 신에 의해 왜곡된 사고체계로, 자신이 생각하고 느끼는 것을 자신이라 믿으며, 그것을 통하여 보고 듣고 만져지는 것을 마음에 가득 채운 채 살아가고 있으니 얼마나 안타깝습니까?

우리의 사고체계는 본래 하나님께 묶여 있어야 하는데, 지금은 이 세상에 묶여 있습니다. 본래 우리는 이 세상을 변화시키는 존재였는데, 지금은 오히려 이 세상이 변하면 거기에 따라서 우리도 변화하게 된 것입니다. 따라서 우리는 스스로 통제하고 조종할 수 있으면 다행히 기쁘지만, 통제하지 못하면 두렵고 불안해서 염려, 걱정, 근심으로 가득 차게 되었습니다. 이 역시 우리의 사고체계가 세상에 묶여 있기 때문입니다.

그런데 심지어 그것도 우리가 주관적으로 그렇게 느낄 뿐, 세상의 본질은 그렇지 않다는 데 문제가 있습니다. 더 이상 왜곡된 사고체계로 신앙생활을 하고 성경 말씀을 받아들이려 노력하는 것은 무의미한 일입니다. 이미 그렇게 생각하고 느끼도록 결정된 틀 안에서 아무리 성경공부를 더 많이 하고, 아무리 훌륭한 설교를 듣고, 아무리 좋은 세미나나 집회에 참석한다고, 어떻게 자신을 변화시킬 수 있겠습니까?

진정한 변화는 자신의 사고체계를 변화시킬 때 일어납니다. 내 영이 변화되고 그 영의 인도함을 받아 새로운 사고체계가 형성될 때 비로소 내가 변화되는 것입니다. 그런데 이런 변화의 실상을 모르는 사람들이 너무나 많습니다. 이 사실을 제대로 알지 못한다면 그들은 마치 포로수용소 안에서 신앙생활을 하는 것과 같은 것입니다.

왜곡된 사고체계를 점검하라

1. 육신의 사고체계도 자기 안의 영의 영향을 받는다

일반적으로 사람들은 지금까지 자신이 해본 경험, 자신이 이해할 수 있는 지성을 근거로 다양하게 반응합니다. 자신이 생각하는 것, 자신이 느끼는 것에 의거하여 자기 자신을 이야기합니다. 자신이 영적인 존재인데도 내 생각, 내 느낌, 내 행동이 곧 '나'라고 착각합니다. 그렇지만 그것은 진정한 자신이 아닙니다. 자신의 사고체계가 마치 자신인 것처럼 착각하는 것입니다.

진짜 중요한 것은 이 사고체계조차 자기 안에 있는 영의 영향을 받는다는 것입니다. 이런 사고체계를 가질 수밖에 없는 이유에는 부모와 가정의 영향도 물론 있습니다. 그렇지만 자신이 왜 그렇게 반응할 수밖에 없고 또 그런 반응을 결정짓게 되었습니까? 바로 자기 안에 있는 영의 영향 때문입니다.

자기 육신의 사고체계에 의지하여 반응하는 것이 아니라 하나님의 영의 감동으로 반응하는 사람도 있습니다. 하나님의 영에 감동되어 기름부음 가운데 선포되는 하나님의 말씀을 진리로 받아들이는 반응을 나타내는 사람입니다. 그것은 그 사람 자신의 지식이나 이해나 판단과 상관없이 그것이 옳고 진리라 믿게 되는 반응입니다.

결국 나의 심령 안에 어떤 영이 있느냐, 내가 어떤 영에 속해 있느냐가 나의 본질을 결정하는 것입니다.

2. 육신의 사고체계는 결코 온전하지 않다

온전한 사고체계를 가진 사람은 이 세상에 아무도 없습니다. 왜냐하면 100퍼센트 완전한 부모가 없고 100퍼센트 완전한 삶의 터전에서 제대로 성장한 사람이 없기 때문입니다. 우리는 왜곡된 사고체계를 가지고 있습니다. 왜냐하면 100퍼센트 무조건적인 사랑과 용납을 받으며 자라지 못했기 때문입니다. 그래서 우리 안에는 다 상처가 있고 쓴 뿌리가 있습니다.

그런데도 사람들은 자신의 사고체계가 잘못되었다고 생각하지 않습니다. 자신의 사고체계를 옳다고 여기며 그 사고체계를 통해 모든 것들을 받아들이면서 살아갑니다. 왜 그렇습니까? 사고체계는 우리의 생각을 만드는 주형이고, 우리의 감정을 그렇게 만드는 틀이기 때문입니다. 그 사고체계는 겉으로 드러나지 않기 때문입니다. 그렇지만 이제 우리는 그 틀이 제대로 된 틀인지 아닌지 확인해보아야 합니다. 그래야만 지금 내가 하는 생각과 느낌이 올바른 것인지 아닌지 알 수 있기 때문입니다.

틀은 생각하지 않고 붕어빵이 큰지 작은지, 모양이 제대로인지 비뚤어졌는지 그것만 나무랄 수는 없습니다. 우리가 바로 그렇습니다. 지금 내가 하는 생각, 내가 느끼는 감정이 뭔가 잘못되었다고 느낄 때, 단순히 자신의 잘못된 생각이나 잘못된 감정만 고치려고 한다고 고쳐집니까? 그 틀을 생각하지 않고 피상적으로 드러난 잘못된 생각이나 감정이나 의지를 바꾼다고 해서 자신이 변화되는 것은 아닙니다.

3. 육신의 사고체계를 구원 받은 자기 정체성과 일치시켜서는 안 된다

일단 사고체계가 형성되면, 흔히 우리는 그 사고체계를 자신과 일치시킵니다. 자신의 사고체계를 자기 정체성(본질)이라 여기기 때문에 자기의 사고체계에 맞는 이야기에는 동의하지만 자기의 사고체계에 맞지 않으면 자기 정체성이 위협을 받는다고 느껴서 그것을 받아들이지 않습니다.

예수님도 이사야의 예언을 인용하며 이렇게 말씀하셨습니다.

이 백성들의 마음이 완악하여져서 그 귀는 듣기에 둔하고

> 눈은 감았으니 이는 눈으로 보고 귀로 듣고 마음으로 깨달아 돌이켜 내게 고침을 받을까 두려워함이라 하였느니라
>
> 마 13:15

그렇습니다. 제아무리 진리의 말씀이 내게 오더라도 그 말씀이 진리인가 아닌가보다 먼저 더 중요하게 작용하는 것이 우리 육신의 사고체계입니다. 자기 자신의 사고체계에 부합하지 않으면 그 말씀이 내 안에 들어올 수 없다는 것입니다. 그 말씀을 받아들이려면 자기 정체성을 부인해야 하기에, 많은 사람들이 죽음이 두려워서 일평생 매여 종노릇하는 것입니다.

> 또 죽기를 무서워하므로 일생에 매여 종노릇하는 모든 자들을 놓아주려 하심이니 히 2:15

예수님은 그런 우리를 풀어주기 원하십니다.

> 이에 예수께서 제자들에게 이르시되 아무든지 나를 따라오려거든 자기를 부인하고 자기 십자가를 지고 나를 좇을 것이니라 마 16:24

예수님은 우리에게 자기를 부인해야만 영의 음성을 들을 수 있고, 그분의 진리의 음성을 들어야만 온전히 깨달을 수 있다고 말씀하셨습니다. 반면에 자신의 사고체계를 만들어놓고 그 사고체계에 부합하는 것들만 받아들이려 한다면 눈이 있어도 볼 수 없고 귀가 있어도 듣지 못한다고 말씀하신 것입니다.

우리는 우리의 사고체계가 세상 신(神)의 영향으로 만들어졌다는 사실을 기억해야 합니다. 자기 생각이나 느낌, 자기의 사고체계가 자기 정체성과 동일하다는 생각이 굳어지면 자기 정체성이 옳다는 것을 입증하기 위해 육신의 사고체계를 확립해갑니다. 그런 사람이 나이가 들면 점점 더 고집스러워지고 자기밖에 모르는 사람이 됩니다. 자기의 사고체계에 더 많은 것들을 집어넣어 자신이 옳다는 것을 평생 주장하며 살아왔기 때문에 자기 이야기만 하는 사람이 됩니다.

반면에 성령의 인도를 따라 살아가는 사람, 영적으로 성숙한 사람은 점점 더 지혜로워지고 자유로운 사람이 됩니다.

그러므로 우리가 낙심하지 아니하노니 겉사람은 후패하나 우리의 속은 날로 새롭도다 고후 4:16

4. 왜곡된 육신의 사고체계로는 실체를 볼 수 없다

우리는 이 사고체계로 세상을 판단합니다. 그러나 그런 사람은 자신의 본질뿐 아니라 다른 사람의 실체도 보지 못합니다. 우리가 보는 것은 단지 내 눈에 어떤 사람이 보일 때, 내 마음 안에서 그 사람에 대해 어떻게 생각하고 어떻게 느끼느냐 하는, 매우 주관적인 느낌과 이해일 뿐입니다. 그런데 우리는 그것을 실체라고 착각하는 오류를 범하고 있습니다. 정작 그 사람의 실체는 끝내 보지 못한다는 말입니다.

어쩌면 우리는 모두 환상 속에서 살고 있는지 모릅니다. 우리가 이 세상 신(神)에 묶여 있는 한, 지금 우리가 본다고 보는 것은 그 본래의 실체가 아닙니다. 육신의 사고체계를 통해 이 세상을 바라보며 살아가는 한, 우리는 세상의 실체를 바로 보지 못합니다. 단지 마음에 느껴지고 생각나고 개념화된 그것을 자기 나름대로 이해하고 느낄 뿐입니다. 이 세상에 나타난 모든 피조 세계의 본질은 하나님의 말씀입니다. 따라서 우리가 영의 눈을 뜨지 못한다면 우리는 이 세상을 바로 볼 수가 없습니다.

> 믿음으로 모든 세계가 하나님의 말씀으로 지어진 줄을 우리가 아나니 보이는 것은 나타난 것으로 말미암아 된 것이 아니니라 히 11:3

육신의 생각을 벗고 영의 생각을 입다

> 육신의 생각은 사망이요 영의 생각은 생명과 평안이니라 육신의 생각은 하나님과 원수가 되나니 이는 하나님의 법에 굴복치 아니할 뿐 아니라 할 수도 없음이라 육신에 있는 자들은 하나님을 기쁘시게 할 수 없느니라 롬 8:6-8

자신의 사고체계로 모든 것들을 받아들이는 것이 바로 '육신의 생각'입니다. 그러나 우리의 육신의 생각으로는 하나님의 뜻을 알 수 없고 하나님의 뜻대로 살 수도 없습니다. 나도 모르게 이미 내 안에 형성된 왜곡된 사고체계를 가지고는 아무리 하나님의 말씀을 읽고 하나님의 법대로 살려고 노력해도 하나님을 기쁘시게 할 수 없고 하나님의 법에 복종할 수도 없는 것입니다.

> 너희가 육신대로 살면 반드시 죽을 것이로되 영으로써 몸의 행실을 죽이면 살리니 무릇 하나님의 영으로 인도함을 받는 그들은 곧 하나님의 아들이라 롬 8:13,14

당신은 예수님의 십자가를 통한 대속(代贖)으로 죄 사함을 받았으니 이제 되었다고 생각하십니까? 그렇지 않습니다. 예수 그리스도의 십자가의 죽음과 부활의 실제적 능력은 '내 안에 계신 예수 그리스도' 이십니다. 당신이 구원 받았으면 당신 안에 그리스도의 영이 함께 계십니다. 그 영과 아무 상관이 없고, 그 영의 인도함을 받지 않고, 그 영을 통해 하나님께서 풀어주시는 말씀을 깨닫지도 못한다면 당신은 온전한 그리스도인이라고 말할 수 없습니다.

그런즉 누구든지 그리스도 안에 있으면 새로운 피조물이라 이전 것은 지나갔으니 보라 새것이 되었도다 고후 5:17

우리 안에 그리스도의 영이 들어와 그리스도 안에서 새로운 피조물이 되었다면 새로운 사고체계가 형성되어야 합니다. 우리가 예수를 믿고 죄 사함을 받아 새 사람이 되었다고 생각하십니까? 새 사람이 되었음을, 기존의 자기 사고체계 안에서 주관적으로 해석하려고 하지 마십시오. 그것은 자신이 새 사람이 되었다고 자신의 의지로 믿거나 선포한다고 해서 느껴지는 것이 아닙니다. 기존의 사고체계로 깨달은 새 사람이란 결코 새 사람이 아닙니다.

심령이 새롭게 되어 새 사람이 된다는 것은 내 안에 오신 그리스도의 영 때문에 내 안에 새로운 사고체계가 만들어져서 그 사고체계에 따라 자신의 정체성이 확립되고 세상을 바라보고 이 땅의 삶을 사는 것입니다. 그럴 때 우리는 전혀 다른 삶을 살게 되는데, 그것을 가리켜 '새로운 피조물'이라 부르는 것입니다. 새로운 피조물이 된 사람은 구습의 틀도 벗고 세상 신(神)에 기초한 사고체계도 변화된 사람입니다. 이전 것은 지나갔습니다. 새 사람입니다.

> 너희는 유혹의 욕심을 따라 썩어져 가는 구습을 좇는 옛 사람을 벗어버리고 오직 심령으로 새롭게 되어 하나님을 따라 의와 진리의 거룩함으로 지으심을 받은 새 사람을 입으라 엡 4:22-24

내 안에 그리스도가 계신 거듭난 사고체계

우리가 진정으로 구원 받았으면 우리는 죽었습니다. 다른 말로 표현하면 자신의 사고체계를 포기했다는 것입니다. 이미 당신은 죽었고 이제 사는 것은 당신이 아니라 당신 안에 있는 예수 그리스도입니다. 당신 안에 그리스도의 영이 들어왔기 때문에 이제는 그 그리스도의 영 때문에 새로운 사고체계가 구축되는 것입니다.

세상 신(神)이 떠났을 때 '나'는 이미 죽었고 하나님이 내 안에 들어오시자 '내가' '그리스도의 사람으로' 변화되는 것입니다. 그런데 이런 과정도 없이 입으로만 "내가 예수를 믿고 죄 사함 받고 새 사람 되었다"라고 한다면 그것은 자기가 알맹이는 하나도 바뀌지 않고 껍데기만 바뀌었다는 것밖에 되지 않습니다. 여전히 자신이 살아 있는 것입니다. 여전히 자기의 사고체계를 믿으면서 동시에 하나님의 말씀을 받고, 그 다음에 구원 받았다 생각하고, 승리하는 삶을 산다고 여기는 것입니다. 물론 평상시에는 아무 문제도 없는 것처럼 보입니다. 그렇지만 환난과 고통과 질병이 찾아오면 옛날과 똑같고 불신자와 다를 것 없는 삶을 살아갑니다.

> 십자가의 도(道)가 멸망하는 자들에게는 미련한 것이요 구원을 얻는 우리에게는 하나님의 능력이라 고전 1:18

구원 얻는 우리에게 하나님의 능력이 나타나지 않는다면, 살아 계신 예수님의 실체가 없다는 의미가 아니고 무엇입니까? 자기의 사고체계라는 허상 위에 하나님도 세우고 예수도 세우고 성령도 세우고 말씀도 세우고 교회도 세우고 살아왔다는 것과 무엇이 다릅니까? 그 사고체계로 얻을 수 있는 것은 아무것도 없습니다.

그러나 그리스도의 영으로 우리의 사고체계가 변화되면 내 안에 오신 그분의 음성을 듣게 되고 말씀을 통해 이 세상을 보게 됩니다. 나를 지으신 그분의 말씀으로 자신이 누구인지도 알게 됩니다. 내 안에서 하나님의 생명이 내게 말씀해주시면 세상이 뭐라 해도 흔들리지 않습니다. 말씀을 통해 세상을 볼 수 있게 된 것이야말로 내 안에 계신 하나님이 나의 실체임을 증거하는 것입니다.

이제는 더 이상 사는 것이 두렵지 않습니다. 염려와 근심과 걱정에 휩싸이지 않습니다. 세상을 이기신 예수 그리스도로 말미암아 우리도 세상을 이긴 자, 새로운 피조물이기 때문입니다. 내 안에 계신 그분 때문에 평안과 감사와 기쁨이 넘치게 됩니다.

> 너희가 서로 거짓말을 말라 옛 사람과 그 행위를 벗어버리고 새 사람을 입었으니 이는 자기를 창조하신 자의 형상을 좇아 지식에까지 새롭게 하심을 받는 자니라 골 3:9,10

우리 안에 계신 예수 그리스도, 우리는 그 예수 그리스도를 통해 세상을 볼 수 있게 되었습니다. 예수 그리스도 안에서 만물을 보게 되었습니다. 바로 예수 그리스도 때문에 우리가 이 만물을 하나님의 뜻대로 다스리는 자가 되었습니다.

> 그는 보이지 아니하시는 하나님의 형상이요 모든 창조물보다 먼저 나신 자니 만물이 그에게 창조되되 하늘과 땅에서 보이는 것들과 보이지 않는 것들과 혹은 보좌들이나 주관

들이나 정사들이나 권세들이나 만물이 다 그로 말미암고 그를 위하여 창조되었고 또한 그가 만물보다 먼저 계시고 만물이 그 안에 함께 섰느니라 골 1:15-17

영으로 육신의 사고체계를 바꾸는 실전 경험

너희는 이 세대를 본받지 말고 오직 마음을 새롭게 함으로 변화를 받아 하나님의 선하시고 기뻐하시고 온전하신 뜻이 무엇인지 분별하도록 하라 롬 12:2

세상 신(神)이 떠나가고 내 안에 그리스도의 영(靈)이 들어왔으니 우리는 영으로써 육신의 사고체계를 바꿔야 합니다. 영으로써 몸의 행실을 죽이는 삶을 살아야 합니다. 영의 인도함을 받아야만 율법을 이루게 되고 더 이상 율법에 영향을 받지 않기 때문입니다.

단도직입적으로 '내가' 죽었다는 것은 어릴 때부터 무의도적으로 무의식적으로 내 안에 형성되었고, 내 부모와 내 가정, 내 삶의 터전에 의해 영향을 받아온 그 사고체계가 아예 없어져서 다시금 흰 캔버스가 되었다는 것입니다. 우리는 거기에 새로운 경험을 하나둘 다시 넣게 되는데, 그 새로운 경험에 대해 말씀해주시는 분이 바로 내 안에 계신 성령님이십니다. 그때부터는 성령의 조명을 받은 나의 이성(理性)이 그 경험들을 새롭게 합니다. 그 경험들을 통해 '나는…', '내가…'가 아니라 '하나님은…', '예수님은…'이라는 것을 배우고 하나님의 나라와 그 나라의 삶의 법을 배우기 시작합니다.

그렇게 하기 위해서 우리는 하나님의 말씀을 말씀대로 믿고 믿는 대로 행동하여 전혀 새로운 경험을 쌓아나가야 합니다.

> 깊은 데로 가서 그물을 내려 고기를 잡으라 시몬이 대답하여 가로되 선생이여 우리들이 밤이 맞도록 수고를 하였으되 얻은 것이 없지마는 말씀에 의지하여 내가 그물을 내리리이다 하고 그리한즉 고기를 에운 것이 심히 많아 그물이 찢어지는지라 눅 5:4-6

지금까지 우리가 가져온 사고체계로는 도저히 되지 않던 일이 말씀에 순종하고 믿는 대로 행하자 어떻게 되었습니까? 옛날 세상의 사고방식으로는 도저히 일어날 수 없는 이런 경험 하나하나가 우리의 마음판에 기록됩니다.

'아, 내가 피 흘리고 땀 흘리고 노력해야 노력한 만큼 받게 되는 것이 이 세상인데, 예수 그리스도의 피 값으로 이제는 믿음으로 행할 때, 불가능한 일이 이루어지는구나!'

이르시되 실로암 못에 가서 씻으라 하시니 (실로암은 번역하면 보냄을 받았다는 뜻이라) 이에 가서 씻고 밝은 눈으로 왔더라 요 9:7

말도 안 되는 것 같지만 예수님의 말씀을 믿고 믿는 대로 행했을 때, 불가능한 그 일이 자신에게 일어나는 경험들을 하나둘씩 하게 되는 것입니다.

내 아들아 내 말에 주의하며 나의 이르는 것에 네 귀를 기울이라 그것을 네 눈에서 떠나게 말며 네 마음속에 지키라 그것은 얻는 자에게 생명이 되며 그 온 육체의 건강이 됨이니라 무릇 지킬 만한 것보다 더욱 네 마음을 지키라 생명의 근원이 이에서 남이니라 잠 4:20-23

바로 하나님이 우리에게 주시는 그 음성을 듣고, 그 말씀을 읽고, 마음판에 새겨 그것을 지킬 때, 바로 그곳이 생명의 근원이 됩니다. 생명의 근원이 거기에서 나옵니다. 이제 마음판에서 그 옛날 왜곡된 사고체계가 지워지고 영의 인도함을 받아 말씀을 믿고 믿는 대로 행동할 때 새롭고 놀라운 경험이 하나하나 쌓여갈 것입니다. 하나님이 주시는 지혜와 지식으로 새롭게 열리는 그리스도의 세계가, 바로 하나님나라의 삶입니다.

그런 경험이 우리에게 있을 때 두려움이 사라집니다. 더 이상 세상에 묶이지 않게 됩니다. 이미 내 경험 안에 새로운 사고체계, 하나님나라의 사고체계가 형성되어 하나님의 뜻대로 살고, 하나님의 목적대로 바라보고, 하나님의 뜻대로 이 세상을 다스리는 자의 삶을 살게 될 때, 그때부터 당신의 삶이 변화되는 것입니다.

영의 사고체계로 진리의 말씀을 깨닫는 은혜

지금까지 우리가 살아온 방식은 인과의 법칙이었습니다. 일에 대한 삯, 행위에 대한 보상, 인과에 대한 응보적 삶이었습니다. 그러나 하나님나라의 삶은 그렇지 않습니다.

새로운 사고체계 안에서는 모든 일들이 나 때문에 일어나는 것이 아니라 내 죄 값을 대신하신 예수의 피 값 때문에, 내가 아직 죄인이었을 때 나를 사랑하신 하나님의 은혜로, 또한 그것이 믿어지는 믿음 때문에 일어나는 것입니다. 더 이상 자기의 주관적인 해석으로 스스로 속여 울고, 웃고, 우울하고, 슬퍼하는 그런 삶을 살지 않습니다.

새로운 사고체계를 형성시키는 첫 단계가 바로 새로운 경험을 내 마음판에 집어넣는 것입니다. 왜냐하면 당신 안에 이미 그리스도의 영이 함께하시기 때문입니다. 당신이 그 일에 관심을 가질 때 성령님은 그야말로 득달같이 달려와서 당신에게 그 일이 이루어지도록 앞서 행하시고 우리가 새로운 경험을 하도록 이끄십니다.

그러기 위해서는 우리가 말씀을 믿어야 합니다. 그것은 안 믿기지만 믿어보겠다고 해서 되는 일이 절대 아닙니다. 나의 오감(五感)을 동원해서 나의 과거의 경험과 사고체계로 다시 한 번 자신을 변화시켜보겠다고 해서 되는 일이 절대 아닙니다.

> 저희가 서로 말하되 길에서 우리에게 말씀하시고 우리에게 성경을 풀어주실 때에 우리 속에서 마음이 뜨겁지 아니하더냐 하고 눅 24:32

예수님이 말씀을 풀어주실 때 엠마오로 가던 두 제자는 이상스럽게도 심령이 뜨거워지는(our hearts feel strangely warm, NLT) 것을 느꼈습니다. 두 제자의 고백처럼 우리가 자신의 사고체계를 내려놓고, 우리 안에 성령님이 계신다는 것을 인정하고, 말씀에 우리 자신을 던져 넣을 때 일어나는 일들을 경험해보십시오.

그러기 위해서 우리는 성령님의 권능에 사로잡혀야 합니다. 하나님의 영이 나를 사로잡을 때 나의 사고체계가 점점 사라지고 성령님이 내 마음을 통치하게 됩니다. 우리 안에 계신 하나님의 영을 통해 말씀을 들으십시오.

네 믿은 대로 될지어다 마 8:13

저가 채찍에 맞음으로 너희는 나음을 얻었나니 벧전 2:24

영의 사고체계로 이 말씀이 진리임을 깨달으십시오. 이 진리의 말씀에 당신 전부를 거십시오. 이 말씀을 실체로 경험하게 해달라고 구하십시오. 그러기 위해서는 반드시 새로운 사고체계를 가진 하나님나라의 백성이 되어야 합니다.

오직 진리의 말씀에 붙들려 세상을 바꿔라

이 세상의 실체는 하나님의 말씀입니다. 하나님은 말씀으로 이 세상의 모든 피조 세계를 지으셨습니다. 하나님의 말씀의 거울, 하나님의 말씀의 반영이 곧 우리가 보는 이 세상입니다. 따라서 우리가 이 세상을 지으신 하나님의 진리의 말씀에 묶여 있지 않고서는 이 세상의 실체를 알지도 못할 뿐만 아니라 이 세상을 변화시킬 수도 없습니다.

우리가 말씀이 아닌 육신에 묶여 있다면 우리는 우리의 오감(五感)을 통해 인식되는 대로 이 세상을 주관적으로 해석하며 살아갈 수밖에 없습니다. 이 세상에 일어나는 사실과 현상의 실재는 알지도 못한 채 그 사실과 현상을 주관적으로 해석하여 염려하고, 걱정하고, 두려워하면서 살아간다는 것입니다. 그러면 그런 사람이 정말 당신입니까? 정말 우리입니까? 아닙니다.

우리는 새로운 영적 경험을 추구하는 육신적 존재가 아니라 새로운 육신적 경험을 추구하는 영적 존재입니다. 우리의 본질은 우리 안에 있는 영에 달려 있지 우리의 육과 혼에 달려 있지 않습니다. 그런데도 우리는 마치 육과 혼이 자신의 전부인 것처럼 육과 혼에 자기 인생을 걸고 살아갑니다. 그러나 그런 당신이 진정한 당신이 아닙니다. 당신이 사탄에게 속고 있는 것뿐입니다. 당신의 본질은 당신 안에 있는 영이 누구냐에 달려 있습니다. 당신은 하나님의 생명이 있는 자, 그 속에 영생(eternal life)이 있는 자입니다.

당신에게 암이 있고 당신에게 고통이 있다고 생각해봅시다.

당신에게 고통이 있다는 사실 때문에 당신은 두려워하고 걱정하고 죽을 것 같다고 느낍니다. 그것은 거짓이 아닙니다. 맞습니다. 당신은 고통 중에 있습니다. 사실입니다. 그렇지만 하나님나라는 사실과 현상에 따라 움직여지는 것이 아니라 진리의 말씀에 의해 다스려집니다. 또 그 사실의 본질은 주(主)의 말씀에 있습니다. 진리의 말씀만이 사실을 변화시킬 수 있습니다.

당신이 아무리 애를 쓰더라도 그 사실을 변화시킬 수는 없습니다. 오직 그 사실을 창조한 진리의 말씀만이 그 사실을 바꿀 수 있습니다. 당신이 하나님의 자녀라면 당신은 하나님의 진리의 말씀에 붙들려 있는 사람이지, 보이는 사실과 나타난 현상에 묶여 사는 사람이 아닙니다. 오직 진리의 말씀만이 세상을 바꿀 수 있습니다.

더 이상 사실과 현상에 종노릇하지 말라

이제 우리는 더 이상 사실과 현상에 묶인 삶을 살지 말아야 합니다. 내 안에 있는 그리스도의 영으로 말미암아 그 영의 인도함을 받아 진리의 말씀에 묶인 삶을 살아야 합니다. 더 이상 사실과 현상에 종노릇하지 마십시오. 우리는 하나님의 자녀이자 예수 그리스도와 함께한 후사(後嗣)로서(for everything God gives to his Son, Christ, is ours, too. NLT 롬 8:17), 하나님의 진리의 말씀을 가지고 사실과 현상을 변화시키고, 이 땅에 하나님의 뜻을 이루는 자의 삶을 살아야 합니다. 하나님은 우리가 하나님나라의 삶, 이 땅에 하나님의 뜻을 이루는 삶을 살도록 하기 위해 자신의 아들이신 예수 그리스도를 십자가에 못 박으셨습니다.

이제 우리는 내가 보이는 대로 보았기 때문에 믿는 것이 아니라 진리의 말씀이 그렇게 말씀하시기 때문에, 그 말씀을 믿기 때문에, 믿는 대로 보는 삶을 살아야 합니다(고후 5:7). 그것이 그리스도인의 삶입니다. 우리가 사실과 현상에 묶이지 않고 진리의 말씀을 통해 이 세상을 바라본다면 어떻습니까? 본래 진리의 말씀대로 지어진 피조 세계의 모든 것은 온전했고 아름다웠습니다. 하나님께서는 천지 만물을 지으시고 보시기에 좋았다고 말씀하셨습니다(창 1:31).

그런데 당신의 마음이 우울합니까? 당신에게 마비가 왔습니까? 당신에게 암이 있습니까? 그것은 하나님께서 만드신 피조물이 왜곡되고, 변형되고, 변질된 것입니다. 본래 하나님이 만드신 온전한 마음, 온전한 근육, 온전한 장기, 그 아름다운 모습들을 바라보십시오. 그것을 바라보는 우리의 믿음을 통해 하나님은 역사하십니다.

그렇습니다. 당신은 그리스도 안에 있는 새로운 피조물입니다. 지금 당신이 육신의 눈으로 보고 마음으로 생각하고 느끼는 것이 실재(實在)가 아니라, 당신 안에 계신 그리스도의 영으로 말미암아 하나님의 말씀을 믿고 그 말씀대로 보는 것이 실재임을 깨달으십시오. 그 믿음을 통해 하나님께서 영광으로, 권능으로 당신에게 역사하십니다. 뜻이 하늘에서 이루어진 것같이 당신을 통해서 땅에서도 이루어지게 하는 것이 바로 하나님나라의 사고방식(kingdom mentality)입니다.

THE HEALING PRAYER

chapter 3

당신의 마음을 생명의 근원이 되시는 예수께 드리십시오

예수 그리스도께서 당신의 심령 안에 계십니다. 더 이상 당신은 당신의 몸이 아닌 그리스도의 몸입니다. 당신이 당신 자신을 통제하고자 하는 집착을 포기하고 모든 작전권과 통제권을 예수 그리스도께 이양할 때 뱃속 깊숙한 곳에서부터 생수의 강이 흘러나올 것입니다.

chapter 3

질병에 대한 심리 반응이 불러오는 오해

세상의 심리학자들은 대개 사람들이 낫기 힘든 심각한 질병에 걸렸을 때, 충격, 분노, 부정, 죄책감, 타협, 우울의 심리적 반응을 나타낸다고 말합니다. 충격을 받고, 분노하게 되고, 부정하고, 죄책감을 느끼고, 타협하고, 결국 깊은 우울 속에 빠지게 된다는 것입니다.

어느 날 건강 검진을 받았는데, 당신이 이미 암 4기로 수술도 불가능하고 살 수 있는 날이 몇 개월 남지 않았다는 청천병력 같은 소리를 들었다고 생각해보십시오. 당신은 엄청난 충격에 휩싸일 것입니다.

'세상에 어떻게 나에게 이런 일이 있을 수 있어?'

'이럴 수 없어. 뭔가 잘못된 거야.'

마음속에 엄청난 분노가 들끓게 되고 그 사실을 부정하며 다른 병원을 찾아다닐지도 모릅니다.

'내가 하나님을 좀 더 잘 섬겼어야 했는데, 착한 일도 해야 했는데….'

스스로 죄책감에 시달리기도 하고 하나님과 이런저런 타협을 시도할지도 모릅니다.

'하나님, 이제부터 잘 할게요. 다시는 하나님이 싫어하시는 죄도 안 짓고 열심히 신앙생활 할게요. 하나님, 이대로 죽을 수는 없어요. 날 치유해주세요.'

그런 타협 가운데 치유집회를 찾기도 했을 것입니다. 그렇지만 병은 점점 깊어가고 도무지 나을 가망이 없어 보일 때, 당신은 삶의 가치도 의욕도 상실한 채 심각한 우울에 빠질 것입니다. 지금까지 아등바등 살아온 모든 노력이 헛되며, 어떤 것으로도 지금의 자신을 변화시키지 못한다는 것이 허무하고 비참하게 느껴질 것입니다.

그런데 우리가 분명히 깨달아야 할 것이 있습니다. 이런 심리적인 반응, 그 중심에 누가 있느냐는 점입니다. 하나님이 아니라 바로 '당신'입니다. 당신이 모든 심리적 반응의 주인으로 자기중심적인 입장에서 모든 것을 느끼는 것은 육적(肉的)인 사고체계이지 하나님께서 구원 받은 당신의 자녀에게 가르쳐주신 영적(靈的)

인 사고체계가 아니라는 것입니다.

많은 이들이 자신은 예수님을 믿고, 열심히 신앙생활 했는데, 자신에게 이런 고난이 찾아왔다고 하나님께 분노합니다. 그러나 다시 생각해보십시오. 하나님은 우리를 사랑하십니다. 하나님은 우리에게 관심이 있으십니다. 하나님은 우리의 문제를 알고 계십니다. 하나님은 우리를 돕기 원하십니다.

그러나 하나님은 당신의 문제 때문에 존재하시는 분이 아닙니다. 하나님은 창조주이시고 우리는 그분의 피조물입니다. 하나님은 자신의 뜻을 이루기 위해 우리를 지으셨습니다. 우리 삶의 목적은 그분의 뜻에 동참하는 것입니다. 그런데 자기가 주인이 되어서, 어떻게 하나님이 내게 이럴 수 있느냐고 하나님에게 삿대질하고 분노하다니, 말도 안 됩니다.

예수 믿고 신앙생활 잘 하면, 앞날이 형통하고, 아무 문제도 없을 거라고 생각한다면 오산입니다. 우리의 죄 때문에 저주 가운데 놓인 이 땅, 우리의 삶 가운데는 고난과 고통이 얼마든지 찾아올 수 있습니다. 그러나 우리는 우리 안에 계신 예수 그리스도로 말미암아 넉넉히 이길 수 있습니다.

대저 하나님께로서 난 자마다 세상을 이기느니라 세상을 이긴 이김은 이것이니 우리의 믿음이니라 예수께서 하나

님의 아들이심을 믿는 자가 아니면 세상을 이기는 자가 누구뇨 요일 5:4,5

사탄에게 틈을 주지 않을 점검 사항 3가지

1. 당신은 구원 받았습니까?

이 질문은 당신의 자아가 죽고 당신 안에 그리스도의 영이 함께 계신지 묻는 것입니다. 당신이 죽었으면, 당신은 더 이상 당신의 몸이 아니라 그리스도의 몸이라는 사실을 인정해야 합니다. 당신 몸은 당신이 책임져야 하지만 그리스도의 몸은 그리스도께서 책임지십니다.

2. 당신은 그리스도 안에 있는 새로운 피조물입니까?

그렇다면 당신은 혈통으로나 육정으로나 사람의 뜻으로 나지 않고 하나님으로부터 난 자로서(요 1:13), 하나님나라 백성의 새로운 삶의 방식을 적용해야 합니다. 당신이 새로운 피조물이라면 당신은 더 이상 육적인 일에 묶여 있는 자가 아니라 그리스도의 영에 묶여 있는 자입니다. 당신 안에 있는 그리스도의 영이 죽을 몸도 살릴 것이며(롬 8:11), 당신에게 닥친 고난이나 질병에서도 당신을 건져낼 것입니다(마 8:17).

3. 당신은 영의 생각과 성령의 소욕을 따르는 사고체계를 갖고 있습니까?

만약 당신이 사실과 현상에 묶여서 자신의 병에 대해 일반적인 심리 반응을 나타낸다면, 아직까지 당신은 하나님나라 백성의 사고체계를 가지고 있지 못한 것입니다.

충격을 받더라도 분노하지 마십시오. 우리의 죄와 저주와 사탄 때문에 고난이나 질병이 올 수 있지만 그것은 하나님이 주신 것이 아닙니다. 고난이나 질병의 문제를 부정하지 마십시오. 이것은 내 안에 계신 그리스도로 말미암아 사탄과 죄와 저주의 문제를 넉넉히 이기고 하나님께 영광을 돌릴 수 있는 기회입니다.

무엇을 부정해야 하는지 생각해보십시오. 우리는 암 자체를 부정할 것이 아니라 그 암 때문에 일어나는 염려, 걱정, 근심, 두려움, 공포 등, 오감(五感)으로 들어오는 우리의 생각과 느낌을 부정해야 합니다. 그것은 진리가 아니기 때문입니다. 진리는 당신의 영 안에 있습니다. 바로 그리스도의 영이며, 그분이 진리의 영이십니다(요 14:17).

죄와 사탄으로 비롯된 질병 때문에 당신이 육적(肉的)인 생각과 느낌에 사로잡힌다면 결국 사탄이 그 목적을 달성하는 셈입니다. 사탄은 당신을 도둑질하고 죽이고 멸망시키려 하기 때문입니다. 우리의 마음과 생각이 암을 죽이기도 하고 암을 전이시키기도 하고 암을 증식시키기도 한다는 것을 기억하십시오. 사탄은 당신을 묶고 있는 육신의 느낌, 두려움, 염려, 걱정, 근심, 공포를 통해서 폭발적으로 암을 증식시킵니다. 그것이 사탄의 짓거리입니다.

당신이 기도했는데도 돌아서면 염려하는 육적인 사고체계를 탈피하지 않는 한 사탄의 공격은 끊이지 않습니다. 당신의 두려움이 사탄의 공격 거점이 되고, 사탄은 당신이 느끼는 두려움만큼 역사합니다.

너희 염려를 다 주께 맡겨버리라 이는 저가 너희를 권고하심이니라 벧전 5:7

자기 통제권을 예수 그리스도께 이양하라

육(肉)의 생각은 자기중심적인 생각입니다. 사탄이 주입한 생각입니다. 내가 내 자신을 통제할 수 없다고 느껴서 두렵고, 자기 자신을 놓아버리면 죽음밖에 없다고 여기기 때문에 두려운 것입니다. 그러나 당신 마음의 생각과 느낌이 당신 것이 아니라고 선포하고 하나님을 따르게 되면 어떤 일이 일어납니까? 사탄의 공격

루트가 끊어지고 사탄은 더 이상 당신에게 아무런 영향력을 미치지 못합니다.

예수 그리스도께서 당신의 심령 안에 계십니다. 더 이상 당신은 당신의 몸이 아닌 그리스도의 몸입니다. 당신이 당신 자신을 통제하고자 하는 집착을 포기하고 모든 작전권과 통제권을 예수 그리스도께 이양할 때 뱃속 깊숙한 곳에서부터 생수의 강이 흘러나올 것입니다. 예수 그리스도의 본질, 예수 그리스도의 생명, 예수 그리스도의 그 사랑이 당신의 마음판에 부어지게 되어, 이제는 육신의 오감에 영향을 받는 마음이 아니라 내 안에 있는 그리스도의 영의 인도함을 받는 마음이 되는 것입니다. 그럴 때 치유가 일어납니다. 그럴 때 하나님의 권능이 역사하기 시작합니다.

당신이 그리스도 안에 있으면 새로운 피조물이라는 것을 믿으십시오. 당신은 더 이상 사실과 현상에 종노릇하는 존재가 아닙니다. 진리의 말씀을 통해 사실과 현상을 변화시키는 존재입니다.

> 무릇 지킬 만한 것보다 더욱 네 마음을 지키라 생명의 근원이 이에서 남이니라 잠 4:23

당신의 마음을 지키는 것은 정말 중요합니다. 생명의 근원이 바로 마음에서부터 흘러나오기 때문입니다. 우리의 마음판은 스크린과 같습니다. 프로젝터에서 마음판에 무엇을 비추느냐에 따라 마음판이 달라지기 때문입니다. 사탄에 의해, 사실과 현상에 의해, 당신의 마음에 당신의 오감을 통해 인식되는 것이 가득 비추어진다면 당신은 사탄의 영향을 받을 수밖에 없고 그 결말은 죽음입니다.

육신의 생각은 사망이요 영의 생각은 생명과 평안이니라

롬 8:6

그러나 그것을 끊어버리고 그리스도의 영에 통제권을 이양할 때부터 그리스도의 살아 있는 생명의 말씀이 당신의 마음판에 비춰지게 되고 그것을 통해서 당신은 생명과 평안을 얻게 될 것입니다.

하나님께 둔 마음

네 보물 있는 그 곳에는 네 마음도 있느니라 마 6:21

이것은 정말 귀중한 말씀입니다. 당신의 보물이 있는 곳에 당신의 마음이 있습니다. 우리는 우리 마음에 심는 대로 거두게 되어 있습니다.

> 스스로 속이지 말라 하나님은 만홀히 여김을 받지 아니하시나니 사람이 무엇으로 심든지 그대로 거두리라 갈 6:7

당신의 마음이 어디에 있습니까? 당신의 마음에 무엇을 심겠습니까?

> 한 사람이 두 주인을 섬기지 못할 것이니 혹 이를 미워하며 저를 사랑하거나 혹 이를 중히 여기며 저를 경히 여김이라 너희가 하나님과 재물을 겸하여 섬기지 못하느니라 마 6:24

이 말씀은 비단 하나님과 재물에 대한 비유만은 아닙니다. 하나님과 질병에 대해서도 마찬가지입니다. 우리는 하나님과 질병을 동시에 섬길 수 없습니다. 하나님과 사탄의 생각을 동시에 섬길 수 없습니다. 우리 앞에서 벌어지는 일이 무엇이든 상관없이, 중요한 것은 우리 마음에 무엇이 있느냐 하는 것입니다. 돈이 있고 없는 것이 문제가 아닙니다. 중요한 것은 돈이 아니라 돈에 대한 당신 마음의 태도입니다. 재물이나 질병도 마찬가지입니다.

당신의 마음이 하나님께 있는지 아니면 질병 그 자체에 있는지 생각해보십시오. 하나님께 연결되어 있는 당신의 마음을 지켜야 사실과 현상을 바꿀 수 있습니다.

> 또 죽기를 무서워하므로 일생에 매여 종노릇하는 모든 자들을 놓아주려 하심이니 히 2:15

일평생 죽음의 공포 때문에 종노릇하는 삶을 사시겠습니까? 당신 안에 그리스도의 영이 있다면 당신은 그리스도 안에 새로운 피조물입니다. 새로운 삶을 사십시오. 당신이 마음을 새롭게 할 때 하나님께서는 당신이 무엇을 하기 원하는지 알려주십니다.

> 너희 천부께서 이 모든 것이 너희에게 있어야 할 줄을 아시느니라 너희는 먼저 그의 나라와 그의 의를 구하라 그리하면 이 모든 것을 너희에게 더하시리라 마 6:32,33

하나님의 뜻을 묵상하고 당신의 생각을 묵상하지 말라

더 이상 하나님이 원치 않는 죄책감을 갖거나 하나님과 타협하지 마십시오.

“주님, 제가 잘못했어요. 주님, 이번 한 번만 용서해주세요. 제발 날 살려주세요.”

이렇게 기도하지 마십시오. 진정한 하나님의 자녀가 뭔지 새로운 피조물이 뭔지 모르는 자처럼 구걸하고 타협하려고 하지 마십시오. 당신은 하나님께서 자신의 독생자 예수 그리스도의 목숨과 바꾼 하나님의 자녀입니다. 자기 아들을 주신 이가 당신에게 못 주실 게 뭐가 있겠습니까?(롬 8:32) 당신은 구원 받았고 당신은 새로운 피조물입니다. 당신은 하나님의 의(義)입니다(고후 5:21). 하나님의 뜻을 이루는 자입니다. 이제 질병은 당신의 문제가 아니라 하나님의 문제로 바뀌었습니다. 이제 자기 욕심을 채우는 기도가 아니라 하나님의 뜻을 이루는 기도를 하는 것입니다.

당신 마음의 잘못된 생각과 느낌은 사탄의 것입니다. 당신은 그 생각과 느낌을 묵상하겠습니까? 죄를 묵상하겠습니까? 당신의 문제를 어떻게 해결해야 하는지 묵상하겠습니까? 당신이 정말 묵상해야 될 것은 하나님의 의(義)입니다. 당신 안에 하나님의 영광이 함께하시며, 당신이 하나님의 뜻을 이루는 자, 세상을 바꾸는 자라는 사실을 날마다 묵상해야 합니다.

더 이상 침울에 빠지지 마십시오. 그분의 뜻이 무엇인지 기억하십시오.

항상 기뻐하라 쉬지 말고 기도하라 범사에 감사하라 이는 그리스도 예수 안에서 너희를 향하신 하나님의 뜻이니라

살전 5:16-18

당신이 그리스도 예수 안에서 기뻐하고 감사할 때 그 믿음을 통해 하나님께서 권능으로 역사하십니다. 당신이 염려와 걱정을 떨쳐버리고 한 번 웃을 때마다, 영의 사고체계에 따라 믿음으로 기뻐하고 감사할 때마다, 성령님께서 생수의 강이 흘러넘치게 하십니다. 그럴 때 당신 안에서 당신을 죽이려는 그 암종이 죽어갑니다.

아무것도 염려하지 말고 오직 모든 일에 기도와 간구로, 너희 구할 것을 감사함으로 하나님께 아뢰라 그리하면 모든 지각에 뛰어난 하나님의 평강이 그리스도 예수 안에서 너희 마음과 생각을 지키시리라 빌 4:6,7

질병의 원인과 마음의 문제

예수님과 사도들의 사역과 그 내용을 잘 살펴보십시오. 예수

님은 다음과 같이 말씀으로 사역하셨습니다.

"네 믿음이 너를 구원하였느니라."

"믿음이 적은 자여, 왜 의심하였느냐?"

"무엇이든지 기도하고 구하는 것은 받은 줄로 믿으라 그리하면 너희에게 그대로 되리라."

예수님은 이 말씀을 선포하셨습니다. 그런데 말씀을 듣는 것은 우리의 '마음'이며 또한 실제로 치유의 역사가 일어나는 것은 우리의 '육신'입니다. 주님은 각기 다양한 상황에 있던 사람들에게 말씀을 선포하셨고 그 말씀이 결국 육신의 질병을 치유했습니다.

예수님은 인간이라는 존재를 정말 잘 알고 계셨습니다. 육체 안에 혼을 소유한 영적인 존재라는 사실을 잘 아셨고, 죄로 말미암아 본래의 온전한 삶을 살지 못하고, 직간접적인 죄 때문에 육신의 질병으로 고통 받고 있다는 것을 아셨습니다. 또 마음의 상처로 인한 질병 가운데 있다는 것도 아셨습니다. 예수님은 그 사람의 영혼의 문제, 그 사람의 육신의 문제, 그 사람의 믿음의 문제, 그 사람의 죄의 문제를 다 알고 계셨습니다.

예수님이 단 한마디로 그 사람 안에 있는 문제를 말씀하시고, 그가 예수님 앞으로 나아와 회개하고 믿음을 가지고 예수 그리스도를 주(主)라 인정할 때, 그는 그 육신의 질병으로부터 놓임을 받았습니다.

물론 오늘날의 과학으로 생각한다면 이상하고 불가능한 일입니다. 왜냐하면 우리의 육신은 물질에, 우리의 마음은 정신에 관련한 문제인데, 예수님은 우리의 영혼을 만지심으로써 우리 육신의 질병을 치유하셨기 때문입니다.

과학적으로 질병이란, 영양분 결핍 현상 혹은 병원균, 바이러스나 박테리아나 곰팡이나 독소 때문에, 또는 좋지 못한 환경의 영향으로 일어나는 생리적 변화, 온전하지 못한 육체의 반응 때문에 생긴다고 보았습니다. 우리는 우리의 정신과 마음과 육신의 질병은 별개라고 생각해왔습니다.

한편 마음이 기뻐야 건강하다는 것을 경험으로 알았지만, 그것은 경험적 지식일 뿐, 실제로 질병이 생기면 질병의 원인이 무엇인지 조사하기에 바빴지 우리의 마음을 들여다보지는 않았습니다. 질병의 문제로 병원에 가더라도 우리의 마음을 조사하는 일은 거의 없습니다. 어디가 아픈지 살피고 적절한 약이나 주사를 투여합니다. 효과가 없으면 수술을 하고 그래도 안 되면 죽음을 기다리는 수밖에 다른 도리가 없다는 말을 듣기도 합니다.

그러나 예수 그리스도의 공생애 사역과 성경은 인간이 영과 혼과 육으로 이루어진 존재이며 그 영혼육이 유기적인 관계를 맺고 있다고 말씀합니다. 우리는 이 땅에서 살았느냐 죽었느냐를 호흡이 있느냐 맥박이 뛰느냐로 따지지만, 하나님의 관점에서 볼 때 우리가 살았느냐 죽었느냐는 그 안에 하나님의 생명이 있느냐 없느냐로 나타납니다. 하나님의 생명이 없는 자는 육신이 죽고 지옥에서 영원한 형벌을 받게 되지만, 하나님의 생명이 있는 자는 육신의 장막을 벗더라도 예수 그리스도께서 재림하실 때 부활의 몸을 입을 뿐만 아니라 영원한 삶을 살 수 있습니다.

우리가 구원을 받았다면 우리 안에 그리스도의 영이 있다면, 비록 우리 눈에 우리가 변화된 것처럼 보이지 않아도 우리는 분명히 하나님으로부터 난 자, 새로운 피조물이 된 것입니다.

심령과 육신의 유기적인 관계

예수님의 사역을 통해 알 수 있듯이 우리의 영혼육은 매우 유기적인 관계에 있습니다. 우리의 영혼이 온전해야 우리의 육신이 강건합니다. 그러나 그동안 우리는 성경이 그렇게 말씀하는데도 그 사실을 믿음으로 받아들이지 못했습니다.

> 마음의 즐거움은 양약이라도 심령의 근심은 뼈로 마르게 하느니라 잠 17:22

'마음의 즐거움'(a cheerful heart)은 좋은 약이지만, '심령의 근심'(a broken spirit, 깨어진 심령, 심령의 상함)은 뼈를 마르게 한다고 했습니다. 결국 우리의 심령이 우리의 육신에 분명한 영향력을 미친다는 것입니다.

사람의 심령은 그 병을 능히 이기려니와 심령이 상하면 그것을 누가 일으키겠느냐 잠 18:14

이 말씀도 분명히 '사람의 심령'(the human spirit)이 육신에 영향을 미친다고 말씀합니다.

사랑하는 자여 네 영혼이 잘됨같이 네가 범사에 잘되고 강건하기를 내가 간구하노라 요삼 1:2

이때 '영혼'은 영어성경에서 'soul', "혼"입니다. "네 혼이 잘됨같이 네가 범사에 잘되고 육신이 강건하기를 원하노라"라는 뜻입니다. 우리의 영이 육신에 영향을 미치고 우리의 혼이 육신에 영향을 미치는 것입니다. 우리의 영혼이 온전해야만 우리의 모든 일이 잘되고 육신이 강건해집니다. 그런데 이것을 성경에 있는 말씀으로 읽고 믿는다고 하면서, 우리는 이 말씀을 실제 우리 삶에 적용하지 않고 있습니다.

마음의 태도가 육신의 질병에 미치는 직접적인 영향력

예수님의 공생애 사역 이후, 사도들과 믿는 자들에게 성령이 임할 때 그들이 권능을 받고 곳곳으로 다니며 하나님나라의 복음을 전할 뿐만 아니라 하나님나라가 임한 징표로 병든 자를 치유하고 귀신을 쫓아냈습니다. 그러나 성령의 권능에 의지하여 살아 계신 하나님을 나타내던 기사(奇事)와 표적과 치유사역은 점점 사라지고 말았습니다. 성령에 의지하지 않고 점차 체계와 조직에 의지하는 신앙생활을 하게 되었기 때문입니다.

의학도 점점 발달했지만 의학은 영혼육을 유기적인 관계로 보는 것이 아니라 서로 별개의 것으로 보았습니다. 결국 교회는 죄와 영혼만을 관장할 뿐 육신의 질병을 치유하는 일과는 무관한 곳으로 전락했고, 하나님과 병은 아무런 관계가 없는 것처럼 분리되어버렸습니다. 마치 '영'은 교회에서, '혼'은 정신과에서, '육'은 병원 내과에서나 맡는 일처럼 변하고 말았습니다.

그렇지만 초대교회를 생각해보십시오. 교회는 영혼육 전부를 다루는 곳이지 단지 죄와 영혼만을 다루는 곳이 아니었습니다. 더욱이 현대 의학이 비약적으로 발전하면서 놀랍게도 육신의 질병이 대부분 마음으로부터 온다는 사실을 발견했습니다.

우리가 알고 있는 '위약 효과'(placebo effect)를 예로 들어보아도 잘 알 수 있습니다. 단순한 소화제를 특효약이라 알고 먹었는데 그 약을 먹고 병이 낫기도 합니다. 그런가 하면 반대로 그 약이 가짜라는 이야기를 듣고 다시 발병하거나 심지어 죽기도 한다니, 이것은 결국 무엇을 의미합니까? 우리 마음의 태도가 우리 육신의 질병에 직접적인 영향력을 미친다는 것이 아니겠습니까?

그래서 오늘날의 의학은 육체와 정신을 통합하고 심신이 서로 상관이 있다는 의학이 새롭게 대두되고 있습니다. 외국에서 발행되는 의학 관련 잡지들을 살펴보면, "믿음은 치유에 결정적인 영향을 미친다", "기도는 치유에 결정적인 영향을 미친다", "의학에서도 영성 치유를 받아들여야 한다"라는 말이 과학적 실험 데이터까지 제시해가며 등장하고 있습니다.

물론 성경에서는 이미 우리의 영혼이 온전해야 우리의 육신이 강건하다는 사실을 말씀하고 있습니다.

놀라운 복구유전자와 면역방어체계

우리의 모든 형질은 DNA에서 나옵니다. 이미 프로그래밍 된 DNA 유전자가 발현되어 우리 육신의 모든 것이 생겨났습니다. 그러나 체내에 침입한 독소나 병균이나 좋지 않은 환경에 의해 유전자에 변형이 일어납니다. 오늘날 현대인들에게 가장 많이 발병하는 암도 바로 유전자가 변이되어 일어나는 것입니다. 본래 하나님이 주신 온전한 상태와 조직이 아니라 제멋대로 증식하고 증대되고 전이되는 세포 조직 덩어리인 악성 종양을 일으키는 병이 바로 암입니다.

그런데 놀라운 과학적 사실이 발견되었습니다. 우리의 생체 내에서는 갖가지 원인으로 우리 본연의 형질을 나타내지 못하게 하는 변형 유전자가 생기는데, 그 변형된 유전자를 고치는 DNA 복구유전자(DNA repairing genes)가 있다는 사실입니다. 그렇다면 이 유전자가 정상적으로 작동한다면 우리 몸에 암은 있을 수 없다는 말이 됩니다. 왜냐하면 유전자 변이가 일어날 때마다 이 유전자가 변형된 유전자를 원위치로 돌려놓기 때문입니다.

또한 우리 안에는 몇 단계에 걸친 면역방어체계가 작동하고 있어서 나쁜 균이나 독의 체내 침입과 공격을 차단합니다. 그러니까 우리 안에는 처음부터 잘못된 것을 복구 재생시키는 유전자도 있고, 우리 안에 들어와 우리를 파괴하려고 할 때 그것을 막는 면역방어체계도 있다는 것입니다. 원인과 결과를 다같이 치유할 수 있는 모든 방어 시스템이 우리 안에 있다는 것이 놀랍지 않습니까? 최근 과학의 가장 놀라운 발견은 DNA복구유전자와 면역방어체계가 우리 마음의 태도에 영향을 받는다는 사실을 찾아낸 것입니다.

내 안에 그리스도의 영이 함께 계시고, 내 육신이 음식을 섭취하는 것처럼 내 영혼이 주님의 말씀을 먹고, 주님 말씀대로 감사하고 기뻐할 때, 내 육체에 DNA복구유전자가 정상적으로 작동합니다. 면역방어체계가 정상적으로 작동합니다. 그럴 때 어떤 더러운 것들도 내 안에 들어오지 못합니다. 내가 죄를 지어서 설령 내 안에 잘못된 변형 유전자가 암종을 만들어내더라도 내가 하나님의 말씀에 기뻐하고 감사할 때, DNA복구유전자가 새롭게 만들어진다는 것입니다.

그런데도 우리는 하나님의 말씀을 믿음으로 취할 때 그것이 내 육신에 어떤 영향을 미치는지 지금껏 제대로 알지 못했습니다. 우리 안에 있는 DNA복구유전자와 우리 안에 있는 면역방어체계가 바로 우리 마음의 태도에 영향을 받는다는 것을 말입니다.

주의 말씀이 생명이 되어 온몸을 건강하게 하는 메커니즘

과거와 달리 갖가지 치료법이 개발되었는데도 암은 우리나라에서도 사망 원인 1위 질환입니다. 암은 갈수록 확산되고 있습니다. 그 이유가 무엇일까요? 과학이 발달하고 과거 그 어느 때보다 우리의 삶의 수준은 월등히 높아졌습니다. 하지만 그만큼 우리의 삶은 더 복잡해졌습니다. 우리가 직면해야 할 일들이 훨씬 더 많아졌습니다. 다른 말로 하면 그것은 스스로 통제하지 못하고 스스로 해결하지 못하는 문제들이 산적했고, 그와 비례하여 염려, 걱정, 근심, 불안, 공포, 두려움이 더 많아졌다는 뜻이며, 그 결과 스트레스를 더 많이 받고 산다는 것입니다.

이 스트레스가 바로 우리 마음의 태도입니다. 스트레스로 인해 DNA복구유전자와 면역방어체계가 정상적으로 작동하지 못할 때 육신에 치명적인 영향을 미치게 되고 그로 말미암아 우리는 각종 질병에 시달릴 수밖에 없는 것입니다.

그래서 최근 화두가 되는 것이 치유입니다. "마음을 기쁘게 하고 평안하게 하라", "좋은 생각을 많이 하라", "살 수 있다는 믿음을 가져라" 이것이야말로 육체의 질병을 치유하는 결정적인 영향력이라 회자되고 있습니다. 그렇지만 이것은 모두 하나님께서 이미 말씀하셨고 이 점에 대해 다룬 책들 역시 모두 성경의 아류일 뿐입니다.

이런 방식으로는 삶을 연장시킬 수는 있지만 죄의 문제는 결코 해결하지 못합니다.

> 내 아들아 내 말에 주의하며 나의 이르는 것에 네 귀를 기울이라 그것을 네 눈에서 떠나게 말며 네 마음속에 지키라 그것은 얻는 자에게 생명이 되며 그 온 육체의 건강이 됨이니라 무릇 지킬 만한 것보다 더욱 네 마음을 지키라 생명의 근원이 이에서 남이니라 잠 4:20-23

그렇습니다. 우리는 하나님의 말씀에 주의하고, 그 말씀에 귀를 기울이고, 그 말씀에서 눈을 떼지 않고, 그 말씀을 마음에 담아 묵상하는 자입니다. 본래 우리를 지으신 그 하나님의 말씀을 품고 그 말씀대로 생각하고 느끼고, 그 말씀을 깨달을 때, 그 말씀이 그에게 생명이 되어 그를 건강하게 해줍니다.

가장 중요한 것은 하나님의 말씀대로 우리의 마음을 지키는 것입니다. 그래야만 우리 안에 있는 DNA복구유전자와 우리 안에 있는 면역방어체계가 온전하게 작동함으로써 어떠한 더러운 질병도 우리에게 틈타지 못한다는 말씀입니다.

우리가 우리의 마음을 하나님의 뜻대로 지키는 것이야말로 모든 육신의 질병의 원인과 결과를 동시에 치유하는 방법입니다. 그것은 우리 마음의 태도에 달려 있습니다. 그러나 궁극적인 치유는 예수 그리스도께 있습니다.

우리 안에 채워야 할 하나님의 말씀

기적이 언제 일어나는지 아십니까? 하나님의 영광이 임하여 하나님의 말씀을 들으며, 그 마음에 마음이 녹고 자기 자신을 내려놓을 때입니다. 초월자의 존재와 직면하게 될 때입니다. 하나님의 말씀을 듣는 도중에 마음이 평안해지고 깨달음이 왔습니까? 지금까지 자신이 고수해왔던 잘못된 생각과 감정과 의지의 행동을 내려놓고 자기 자아를 내려놓을 때, 내 멋대로 믿었던 그 믿음을 내려놓을 때, 그때 성령님께서 당신을 찾아오십니다. 그 순간에 기적이 일어납니다. 그 기적을 체험하게 되면 변화되지 않던 마음이 180도로 바뀝니다. 그때부터 당신의 삶 역시 완전히 새롭게 바뀝니다.

하나님의 영광이 임하여 자기도 주체할 수 없을 만큼 눈물이 쏟아지는가 하면 쓰러지기도 하고, 떨리기도 하고, 그 순간 모든 고통이 사라지는 것을 경험하는 것입니다. 그런 사람들은 자기 몸이 치유되어 기쁜 것이 아니라 초월자이신 여호와 하나님을 만났다는 사실에 감사 감격하여 인생이 바뀌었다고 고백합니다. 바로 그것이 기적입니다.

나는 죽고 내 안에 그리스도께서 사시는 것이면, 내 안에 있는 그리스도께서 온전히 나를 책임지십니다. 내 안에 계신 그리스도께서 그분의 일을 잘 하실 수 있도록 내 육신이 강건해져야 하는데, 그러려면 내 마음으로 육신을 온전히 지켜야 합니다. 그것은 하나님의 생명 가운데 주의 말씀을 채워야 가능하고 그 말씀에 바르게 반응해야 가능한 일입니다.

우리 안에 채워야 할 하나님의 말씀에는 어떤 것들이 있습니까?

> 항상 기뻐하라 쉬지 말고 기도하라 범사에 감사하라 이는 그리스도 예수 안에서 너희를 향하신 하나님의 뜻이니라
>
> 살전 5:16-18

> 아무것도 염려하지 말고 오직 모든 일에 기도와 간구로, 너희 구할 것을 감사함으로 하나님께 아뢰라 그리하면 모든 지각에 뛰어난 하나님의 평강이 그리스도 예수 안에서 너희 마음과 생각을 지키시리라 빌 4:6,7

하나님이 우리에게 주신 것은 두려워하는 마음이 아니요
오직 능력과 사랑과 근신하는 마음이니 딤후 1:7

그렇습니다. 염려, 걱정, 근심, 불안, 공포, 두려움 등, 이런 마음의 태도를 갖는다는 것은 당신 안에 암종을 일으키고, 당신 안에 수많은 균들 때문에 질병이 생기도록 촉구하는 것과 다르지 않습니다.

마음을 새롭게 하는 하나님 자녀의 삶

오늘날 믿는 사람이나 믿지 않는 사람이나 바쁜 생활에서 스트레스를 받습니다. 병이 나면 병원에 가서 약 받고 주사 맞고 돌아와서 다시 그 스트레스가 가득 차서 넘칠 때까지 또 그렇게 살아갑니다. 더욱이 그런 삶을 정상적이라고 생각합니다.

그러나 하나님의 말씀처럼 하나님의 자녀는 그렇게 살아서는 안 됩니다. 무엇보다 마음을 지키십시오. 하나님의 말씀을 내 마음에 붓고, 그 말씀대로 살아가고, 그 말씀대로 생각하고, 그 말씀대로 느낄 때, 우리의 육신이 강건해지고, 어떤 질병도 들어오지 못하고, 내 안에 어떤 암종도 발생하지 못합니다.

당신에게 문제가 있고, 육신에 질병이 들어온 데는 이유가 있습니다. 무엇이 잘못되었는지 확인하기 원한다면 다음 세 가지를 점검하여 당신의 삶을 새롭게 하시기 바랍니다.

첫째, 회개의 삶을 사십시오.

마음을 온전케 함으로써 육신을 강건케 하기 위해서는 회개해야 합니다. 우리가 비록 구원을 얻었지만 죄의 세력 가운데 살아가는 우리의 육신은 죄의 속임으로 하나님이 원치 않는 삶을 살아갑니다. 자신의 욕심과 정욕대로 살아가게 됩니다. 우리의 질병과 죄는 우리의 직간접적인 죄와 연관되어 있고 우리가 우리 죄를 고백할 때 예수님은 우리의 죄를 사해주신다고 말씀하셨습니다(요일 1:9). 그렇기 때문에 우리는 날마다 우리의 육신에서 일어나는 죄들을 회개해야 합니다. 회개할 때 하나님의 말씀의 능력이 나타납니다. 회개 없이 예수의 이름만 부른다고 능력이 나타나는 것이 아닙니다.

요한복음 9장에 날 때부터 소경인 자가 누구의 죄 때문인지 묻는 제자들에게 예수님은 말씀하셨습니다. 그 사람이나 그 부모가 죄를 범한 것이 아니요 그를 통해 하나님이 하시는 놀라운 일을 나타내기 위해서라고 말입니다. 그렇습니다. 저주 가운데 놓인 이 세상에서는 우리가 원하지 않는 질병에 걸릴 수도 있습니다.

그 질병도 하나님의 영광을 위함이요 그것을 통해 예수 그리스도께서 영광을 받으실 것입니다.

우리가 원하든 원하지 않든 직간접적인 죄로 말미암아 우리가 모르는 질병이 일어날 수도 있기 때문에 우리는 날마다 우리 육신의 죄를 회개해야 합니다. 우리가 지은 죄뿐만 아니라 자기 육신을 제대로 관리하지 못한 것, 육신은 소홀히 한 채 영혼만 귀하게 생각한 것, 우리 삶의 잘못된 태도와 방식과 습관들, 하나님이 보시기에 옳지 않은 모든 것들을 회개해야 합니다.

자신 안에, 자신도 모르게 올라오는 죄책감, 죄의식, 정죄감이 사라지도록 회개해야 합니다. 거기에 묶이지 마십시오. 날마다 자신의 본질은 그리스도 안에 있는 새로운 피조물이며 자신이 하나님의 의(義)가 되었다는 사실을 묵상하십시오. 육신의 정욕과 안목의 정욕과 이생의 자랑으로 짓게 되는 육체의 죄를 날마다 회개하십시오(요일 2:16).

둘째, 하나님의 말씀으로 채우십시오.

마음속을 하나님이 주시는 말씀으로 가득 채우십시오. 가장 중요한 것은 염려로 채우지 않는 것입니다. 걱정하지 않는 것입니다.

스스로 속이지 마십시오. 하나님은 만홀히 여김을 받지 않으십니다. 심는 대로 거두게 하십니다. 우리는 심는 대로 거두게 될 것입니다. 우리가 우리 마음판에 심는 대로 30배, 60배, 100배를 거둘 것입니다. 좋은 것을 심으면 좋은 것에 30배, 60배, 100배를 거두지만, 염려, 걱정, 근심, 불안, 공포를 심으면 그것이 30배, 60배, 100배로 당신의 삶에 나타나게 됩니다.

당신이 지난 24시간 동안 당신의 마음에 어떤 마음, 어떤 생각, 어떤 느낌을 채웠는지 스스로 돌아보시기 바랍니다. 그 마음에 하나님이 원치 않으시는 것을 가득 채워서 병이 났는데도, 여전히 분노와 염려와 근심과 걱정을 심고 있지는 않습니까? 그러면서 하나님 앞에 매달리기만 하면 치유 받을 수 있다고 생각한다면 그것은 거짓입니다.

믿음은 바라는 것들의 실상이요 보지 못하는 것들의 증거니

히 11:1

결국 당신은 당신의 마음판에 심은 것을 믿게 됩니다. 당신이 무엇을 심든지 심은 그대로 거두게 될 것입니다.

지금 당신의 생각과 느낌, 당신의 믿음이 예수 그리스도로부터 온 것입니까? 세상으로부터 온 것입니까? 지금 당신의 생각과 느낌, 당신의 믿음이 당신의 질병을 치유하는 데 도움이 됩니까?

아니면 해가 됩니까? 지금 당신의 생각과 느낌, 당신의 믿음이 당신의 삶에 어떤 영향을 미칩니까?

이 세 가지 질문에 대한 답이 성경의 말씀, 예수 그리스도의 말씀에 어긋난다면 당신의 생각이 바뀌어야 합니다. 당신이 가지고 있는 부정적인 생각과 느낌과 믿음을 모두 버리십시오. 뿌리째 뽑아버리십시오. 마음을 새롭게 하는 그 순간에 당신의 육신의 질병이 사라지고 기적이 일어날 것입니다. 하나님의 역사가 일어납니다.

셋째, 말씀을 믿음으로 받아들이십시오.

자신의 상황과 상관없이, 눈앞에 결과와 상관없이, 무엇이든지 기도하고 구하는 것은 받은 줄로 믿으라는 하나님의 말씀을 믿으십시오. 그리하면 그대로 되리라는 주님의 말씀에 기뻐하고 감사하십시오. 그럴 때 제 기능을 하지 못하던 DNA복구유전자와 면역방어체계가 활성화된다는 것을 믿음으로 바라보아야 합니다.

당신이 구체적으로 기뻐하는 만큼, 감사하는 만큼 활성화됩니다. 지금 DNA복구유전자가 정상적으로 작동하고 면역방어체계가 강화되면서 당신 안에서 바이러스를 잡아먹습니다. 암종이 줄어들고 변이를 일으킨 유전자가 원위치로 돌아옵니다. 이제부터 하나님의 말씀대로 창조되는 모든 세포들이 새로운 정상 세포가 됩니다. 그것을 믿음으로 묵상하십시오.

그리스도의 영으로 인해 기뻐하고 감사하라

포기하지 마십시오. 절망하지 마십시오. 소망은 당신의 선택에 달려 있습니다.

> 내가 생명과 사망과 복과 저주를 네 앞에 두었은즉 너와 네 자손이 살기 위하여 생명을 택하고 네 하나님 여호와를 사랑하고 그 말씀을 순종하며 또 그에게 부종하라 그는 네 생명이시요 네 장수시니 신 30:19,20

> 인내는 연단을, 연단은 소망을 이루는 줄 앎이로다 소망이 부끄럽게 아니함은 우리에게 주신 성령으로 말미암아 하나님의 사랑이 우리 마음에 부은 바 됨이니 롬 5:4,5

우리 육신의 삶의 문제가 무엇인지 깨닫고 그 잘못을 회개하는 시간을 가지십시오. 잘못된 생각과 잘못된 느낌과 잘못된 믿음이 무엇이었는지 돌아보고 회개하십시오. 잘못된 생활 태도를 회개하십시오. 잘못된 식생활을 회개하십시오. 잘못된 삶의 방식을 회개하십시오. 하나님의 말씀에 온전하게 반응하지 못한 잘못된 신앙생활을 회개하십시오.

질병과 문제에 대한 우리의 생각과 느낌과 믿음이 잘못되었음을 회개하십시오. 하나님의 놀라운 진리의 말씀이 질병의 문제를 치유할 수 있다는 것을 알지 못했음을 회개하십시오. 이제 마음의 태도를 바꾸십시오. 염려를 감사로, 두려움을 기쁨으로 바꾸고, 오직 예수의 이름을 부르며 나아가십시오. 이 싸움은 나의 싸움이 아니요 예수 그리스도와 더러운 질병과 악한 귀신들과의 싸움임을 선포하십시오.

여호와 하나님은 우리를 치유하시는 하나님이십니다. 더욱이 우리가 질병에 걸리지 않고 강건하게 살도록 하는 분이십니다. 이 점을 믿으십시오. 우리 안에 그리스도의 영으로 말미암아 우리 마음속에 기쁨과 감사가 넘칠 때, DNA복구유전자가 정상 기능을 발휘하고, 면역방어체계가 제대로 작동하여 질병의 모든 더러운 것들이 사라지고, 모든 것들이 새롭게 창조되는 것을 믿음의 눈으로 바라보십시오. 새로운 세포가 만들어지고, 건강하게 기능하는 온전한 조직과 기관이 살아나는 것을 믿음의 눈으로 바라보십시오.

그리고 기뻐하고 감사하십시오. 그 일을 통해 하나님께 영광을 돌리는 일이 우리의 몫입니다.

꾸짖어라, 그리고 원하는 대로 선포하라

당신의 마음에 기쁨이 없고 당신의 마음에 감사가 없습니까? 아무리 좋은 약을 써도, 아무리 대단한 명의(名醫)가 병을 낫게 하려고 애써도 당신 안에 하나님을 기뻐하고 하나님께 감사하는 마음이 없다면 당신은 스스로 포기한 것이나 마찬가지입니다.

아직도 자신의 질병 때문에 분노하고 부정하고 타협하고 우울에 빠지십니까? 지금 하나님의 사고체계로 전환하십시오. 그래야 사탄의 모든 권세를 끊고 하나님께 돌아갈 수 있습니다. 진리의 말씀을 붙드십시오. 그 말씀을 마음으로 믿고 입으로 시인하십시오. 그래야 그대로 이룰 수 있습니다.

저가 채찍에 맞음으로 너희는 나음을 얻었나니 벧전 2:24

우리 연약한 것을 친히 담당하시고 병을 짊어지셨도다 함을 이루려 하심이더라 마 8:17

믿음은 바라는 것들의 실상이요 보지 못하는 것들의 증거니 히 11:1

이 말씀을 붙드십시오. 이제 예수 그리스도의 이름으로 이 말씀을 선포하고 꾸짖고 명령하십시오. 당신의 마음이 감정과 생각에 묶여 있는 것이 아니라 하나님의 뜻, 하나님의 말씀에 묶여 있을 때, 사탄은 당신에게 아무런 영향력도 미치지 못합니다. 그때부터 하나님의 영광이 예수 그리스도의 이름을 통해 말씀대로 나타나 역사하십니다.

지금까지 예수의 이름으로 기도했지만 아무 일도 일어나지 않았습니까? 하지만 육적인 사고체계에 묶여 아무리 예수의 이름으로 선포한들 무슨 일이 일어나겠습니까? 사탄에게 통로를 열어놓은 채 한쪽 귀퉁이에서 예수의 이름으로 기도하고 철야하고 금식한다고 해서 하나님의 권능이 나타날 수 있겠습니까?

당신이 육신의 사고체계를 벗고 영의 사고체계를 입었고, 예수 그리스도의 이름으로 기도하신다면 이렇게 기도하십시오.

첫째, 사실과 현상을 꾸짖으십시오.

"이 더러운 암종아, 파쇄될지어다."

둘째, 원하는 대로 선포하십시오. 하나님의 진리의 말씀을 선포해야 합니다.

"암종이 사라진 깨끗한 장기가 될지어다."

하나님이 심지 않으셨고 하나님이 주시지 않은 사실과 현상을 바꿔야 합니다. 그 사실과 현상을 꾸짖으십시오. 간에 암이 있다면 그 암종을 꾸짖으십시오. 하나님이 말씀으로 지으신 본래 온전한 간을 마음의 눈으로 바라보며 선포하십시오.

> 내가 진실로 너희에게 이르노니 누구든지 이 산더러 들리어 바다에 던지우라 하며 그 말하는 것이 이룰 줄 믿고 마음에 의심치 아니하면 그대로 되리라 그러므로 내가 너희에게 말하노니 무엇이든지 기도하고 구하는 것은 받은 줄로 믿으라 그리하면 너희에게 그대로 되리라 막 11:23,24

"이 산더러 들리어 바다에 던지우라" 명하는 것은 사실과 현상을 바꾸는 것이며, "말하는 것이 이룰 줄 믿고 마음에 의심하지 않으면 그대로 된다"는 것이 성경의 약속이 아닙니까? "무엇이든지 기도하고 구하는 것은 받은 줄로 믿으면" 그대로 됩니다. 그렇습니다. 사실과 현상을 꾸짖으십시오. 본래 하나님이 온전하게 만드신 것을 바라보고 예수의 이름으로 그렇게 된 것을 선포하십시오. 이것이 우리가 할 기도입니다.

아직 보이지 않은 실상과 증거가 마음속에 가득한 것이 믿음이다

우리가 육신의 사고체계 아래 수없이 믿노라 다짐해도 되지 않던 일이 무엇입니까? 바로 내 안에 있는 그리스도의 영으로 말미암아 하나님의 말씀이 믿어지는 것입니다. 사실과 현상을 꾸짖고 본래 하나님이 지으신 대로 온전할 것을 선포하고 그것을 믿음으로 바라볼 때 '하나님의 믿음'이 임합니다. 그 믿음은 가지면 가질수록 기쁨이 커지는 믿음입니다. 가지면 가질수록 이미 하나님 나라에서 이루어진 것이 우리 마음으로 들어오는 믿음입니다. 바라는 것들의 실상이요 보지 못하는 것들의 증거로 가득해지는 믿음입니다.

> 믿음은 바라는 것들의 실상이요 보지 못하는 것들의 증거니
>
> 히 11:1

이 믿음은 육신의 사고체계로 불가능한 것을 억지로 붙들어서 얻게 되는 것이 아닙니다. 육신의 사고체계를 포기했을 때, 하나님의 영의 사고체계를 따라 내 속에서 하나님의 생수가 올라오기 때문에 믿게 되는 것입니다. 의사가 내게 3개월밖에 남지 않았다고 하는데도 그것이 내게 아무 문제가 되지 않고, 오늘을 살아

가는 데도 전혀 문제가 없고, 내가 걱정할 일이 아니라고 깨닫게 되는 그 상태, 바로 그때 당신이 치유함을 받고 당신의 문제가 해결되는 것이 아니겠습니까?

또 여호와를 기뻐하라 저가 네 마음의 소원을 이루어주시리로다 시 37:4

오직 믿음으로 구하고 조금도 의심하지 말라 의심하는 자는 마치 바람에 밀려 요동하는 바다 물결 같으니 이런 사람은 무엇이든지 주께 얻기를 생각하지 말라 두 마음을 품어 모든 일에 정함이 없는 자로다 약 1:6-8

하나님나라의 사고방식을 적용하는 것이 어떻게 비단 질병의 문제만이겠습니까? 당신이 지금 어떤 문제로 고통 받고 있습니까? 당신이 지금 어떤 문제 때문에 절망에 빠졌습니까? 지금 당신의 어깨를 짓누르고 당신의 마음판을 지배하는 것이 무엇입니까? 그것이 무엇이든 그것은 사탄이 우리를 죽이고 멸망시키기 위해 준 육신적인 생각이자 주관적인 느낌일 뿐이라는 것을 깨달으십시오. 스스로 자기 자신을 통제하려 하고 자기 스스로 추구하려는 집착과 고집을 당신 안에 있는 예수 그리스도께 이양하십시오.

그러면 그때부터 모든 문제는 내 문제가 아니라 주님의 문제이며, 내 몸은 내 몸이 아니라 주님의 몸이 됩니다. 하나님의 진리의 말씀만이 생명이 됩니다. 그 말씀을 마음판에 채우고, 그것을 입술로, 예수의 이름으로 선포하십시오. 하루에 백 번도 좋고, 천 번도 좋습니다. 그럴 때 하나님의 영광이 임하며 기적이 일어납니다. 그 경험을 통해 당신도 하나님나라의 삶을 살게 될 것입니다.

사람이 마음으로 믿어 의에 이르고 입으로 시인하여 구원에 이르느니라 롬 10:10

THE HEALING PRAYER

chapter 4

오직 치유자 예수님만 바라보고 그분의 이름을 높이십시오

당신의 문제와 필요와 당신의 질병이 아니라 치유자 예수님을 바라보십시오. 당신 안에 들어오신 생명을 바라보고 예수님을 부를 때 비로소 예수님을 만날 수 있습니다. 어제나 오늘이나 영원토록 동일하시고 지금도 살아계신 예수 그리스도를 바라보아야 합니다.

chapter 4

하나님께서 우리에게 기대하시는 인생

우리 삶에 절대적인 기준은 내가 보는 인생이 아니라 하나님이 보시는 인생입니다. 그 인생이 바로 그리스도인의 삶입니다.

그런데도 우리 인생에서 생명 연장과 건강이 절대적으로 중요하다면 그것은 우리가 이 땅에서 사는 칠팔십 년이 전부인 것처럼 살고 있기 때문입니다.

그러나 하나님의 관점에서 보면 어떻습니까? 칠팔십 년 인생은 하나님이 잠시 우리를 이 땅에 대사(大使)로 보낸 시간일 뿐입니다. 하나님의 관점에서 본다면, 하나님의 생명이 있으면 그 사람에게 영생이 있습니다. 따라서 이 땅에 사는 칠팔십 인생은 대사로 보내진 동안에 우리가 얼마나 주(主)의 뜻을 이루는 삶을 살았느냐, 우리가 얼마나 하나님의 아름다운 덕(德)을 선전하는 삶을 살았느냐가 중요합니다.

하나님 앞에 기도하는 신실한 사람도 치유되지 않는 사람이 있습니다. 하나님께 물어봤지만 하나님께서 대답하지 않으시는 경우도 있습니다. 그럼 그 사람은 믿음이 없어서 또는 하나님이 그 사람에게 관심이 없어서 치유 받지 못한 것입니까? 아닙니다. 이 땅에서 질병으로 고통 받는 많은 사람들 중에는 건강한 사람의 수백, 수천 배 이상으로 하나님의 뜻을 이 땅에 나타내는 사람들이 있습니다.

우리에게는 우리의 건강 또는 질병의 문제, 사느냐 죽느냐의 문제가 중요하고, 또 그 자체가 우리의 목적이기도 합니다. 하지만 진정한 그리스도인의 삶은 하나님께서 이 땅에 우리를 보내신 동안, 얼마나 하나님의 성품을 나타냈느냐, 얼마나 하나님의 아름다운 덕을 선전했느냐, 얼마나 하나님의 뜻을 이루기 위해 힘썼느냐, 얼마나 하나님을 기쁘시게 하고 영화롭게 했느냐가 우리의 영원한 삶을 결정한다는 것입니다.

이때 치유사역은 우리에게 믿음을 가질 수 있도록 격려합니다. 하나님께서 우리에게 진정으로 원하시는 것이 무엇인지 깨닫는 계기를 마련해줍니다.

예수 없는 믿음은 역사를 일으키지 못한다

우리는 예수님이 우리를 치유하실 것을 믿습니다. 왜냐하면 예수님께서 그렇게 말씀하셨고 약속하셨고 또 그렇게 행하셨기 때문입니다.

> 이는 선지자 이사야로 하신 말씀에 우리 연약한 것을 친히 담당하시고 병을 짊어지셨도다 함을 이루려 하심이더라 마 8:17

> 친히 나무에 달려 그 몸으로 우리 죄를 담당하셨으니 이는 우리로 죄에 대하여 죽고 의에 대하여 살게 하려 하심이라 저가 채찍에 맞음으로 너희는 나음을 얻었나니 벧전 2:24

성경에도 "네 믿은 대로 될지어다"(마 8:13)라고 나와 있습니다. 많은 사람들이 그 믿음으로 나아와 예수의 이름으로 기도합니다. 그런데 왜 아무 일도 일어나지 않습니까? 왜 하나님의 표적과 기사(奇事)를 보지 못하고 쓸쓸히 돌아가는 사람들이 훨씬 많습니까? 왜 그럴까 생각해보셨습니까? 무엇이 문제입니까?

예수님이 없는 그분의 말씀이란 서명이 없는 계약서류와 같기 때문입니다. 계약서를 작성할 때 거기에 쌍방간에 사인(sign)이 없으면 그것은 아무런 법적 효력이 없는 것과 마찬가지입니다. 우리가 성경 말씀을 믿고 예수님이 하신 것처럼 "질병아, 떠나갈지어다!", "더러운 귀신아, 나오라" 이렇게 선포했다 할지라도 질병이나 악한 영이 듣고 웃을 수 있습니다. 아무리 성공적이고 좋은 계약이라도 아무리 정확한 문서라도 그 계약서가 주인의 사인이 없는 서류라면 아무런 법적 효력이 없기 때문입니다.

그렇습니다. 마치 사교(邪敎) 집단에서 주문을 외우는 것처럼, 그런 수준으로 '예수 그리스도의 이름'을 사용한다면 제아무리 예수 그리스도의 이름으로 선포하더라도 아무 일도 일어나지 않습니다.

예수를 모르는 자의 말씀 선포는 주문을 외우는 것과 같다

하나님이 바울의 손으로 희한한 능을 행하게 하시니 심지어 사람들이 바울의 몸에서 손수건이나 앞치마를 가져다가 병든 사람에게 얹으면 그 병이 떠나고 악귀도 나가더라 이에 돌아다니며 마술하는 어떤 유대인들이 시험적으로 악귀 들린 자들에게 대하여 주 예수의 이름을 불러 말하되 내가 바울의 전파하는 예수를 빙자하여 너희를 명하노라 하더라 유대의 한 제사장 스게와의 일곱 아들도 이 일을 행하더니 악귀가 대답하여 가로되 예수도 내가 알고 바울도 내가 알거니와 너희는 누구냐 하며 악귀 들린 사람이 그 두 사람에게 뛰어올라 억제하여 이기니 저희가 상하여 벗은 몸으로 그 집에서 도망하는지라 에베소에 거하는 유대인과 헬라인들이 다 이 일을 알고 두려워하며 주 예수의 이름을 높이고 믿은 사람들이 많이 와서 자복하여 행한 일을 고하며 또 마술을 행하던 많은 사람이 그 책을 모아 가지고 와서 모든 사람 앞에서 불사르니 그 책값을 계산한즉 은 오만이나 되더라 이와 같이 주의 말씀이 힘이 있어 흥왕하여 세력을 얻으니라 행 19:11-20

이 말씀을 보면 돌아다니며 마술하는 유대인들이 시험적으로 악귀 들린 자들에게 주 예수의 이름을 불러 명령했습니다.

The incantation they used was this : "I command you by Jesus, whom Paul preaches, to come out!" NLT

그들이 사용한 주문은 이렇습니다.

"바울이 선포한 예수의 이름으로 내가 너희에게 명하노니 이

더러운 악한 영아, 떠나갈지어다!"

사도행전 19장 말씀을 통해 우리는 이 유대인들이 바울의 행적도 알고 바울이 전한 말씀도 알았지만 그 말씀의 본질이며 실체이신 예수 그리스도에 대해서는 모른다는 것을 알 수 있습니다. 그렇습니다. 주(主)를 알지 못하고 주의 말씀을 선포하는 것은 주문을 외우는 것과 같습니다. 우리도 바울이 선포한 말씀, 바울이 기록한 성경 말씀을 보고, 그 말씀을 붙들고, 예수의 이름으로 말씀대로 이루어질 것을 선포하지만, 떠돌아다니며 마술하는 유대인들이나 제사장 스게와의 아들들과 같이 예수를 모르고 그런 일을 하고 있지는 않습니까?

예수님을 모르고 예수님과 아무런 관계도 없으면 '악귀'(evil spirit, 악한 영)도 그것을 압니다. 그렇기 때문에 예수의 이름으로 명한다 해도 악귀가 대답하기를 "내가 예수도 알고 예수와 함께한 바울도 아는데, 예수와 함께하지 않는 너희는 도대체 누구냐?" 라고 답한 것입니다.

결국 악귀 들린 사람이 스게와의 아들들에게 달려들어 그들을 짓눌러 이겼고 그들은 상처를 입고 벌거벗은 채 도망쳤습니다.

그런데 놀랍게도 에베소에 거하는 유대인들과 헬라인들이 이 일을 알고 두려워하며 주 예수의 이름을 높였습니다. 그들이 이 일을 알고 두려워한 이유는 진짜가 뭔지 알았기 때문입니다.

다른 말로 하면 악귀가 스게와의 일곱 아들, 마술하는 유대인들, 에베소에 거하는 유대인과 헬라인들은 전부 이길 수 있지만, 예수와 바울은 이기지 못한다는 것을 알았기 때문입니다. 또 다른 말로 하자면, 예수 없는 말씀은 가짜이지만 예수 안에서 선포된 말씀에는 진짜 능력이 있다는 것을 알았기 때문입니다. 그래서 그들은 주 예수의 이름을 높였습니다.

이때 주 예수의 이름을 높인다는 것은 무슨 뜻입니까? 예수라는 그 사람의 이름, 나사렛 예수 그리스도, 그 이름을 높이는 것이 예수의 이름을 높이는 것일까요? 아니면 예수라 부르는 그 사람의 인격, 그 사람의 존재를 높이는 것이 예수의 이름을 높이는 것일까요?

옛말에 "호랑이는 죽어서 가죽을 남기고 사람은 죽어서 이름을 남긴다"라고 했습니다. 그 사람이 죽어서 이름을 남긴다는 의미는 그 사람의 삶과 인격을 통해 우리가 교훈을 얻기 때문에 그 사람의 이름을 기리는 것이라고 생각합니다.

오늘 이 시대의 지성인이라는 분들이 가끔 매체를 통해서 예수님은 매우 고귀한 분이고 예수님은 정말 훌륭한 분이고 그분의 교훈을 계승하고 그분의 삶을 본받아야 한다고 이야기합니다. 그러면 그들이 과연 예수의 이름을 높이는 것일까요? 절대 그렇지 않습니다. 예수 그리스도의 이름을 높인다는 것은, 2천 년 전에 하나님의 아들로 이 땅에 오신 예수 그리스도의 삶을 통해 우리가 깊은 감동과 교훈을 받고 그분의 인격을 다시 한번 생각해보게 되는, 그런 것이 아닙니다.

우리가 예수 그리스도의 이름을 높이는 것은 예수 그리스도께서 죽으신 후 부활하시어 지금도 우리와 함께하시기 때문입니다. 그분이 그리스도시며 살아 계신 하나님의 아들이시기 때문입니다.

> 시몬 베드로가 대답하여 가로되 주는 그리스도시요 살아 계신 하나님의 아들이시니이다 마 16:16

이 말씀이 오늘도 살아 있는 이유는 예수님이 지금도 살아 계시기 때문입니다. 영원히 함께하시기 때문입니다. 오늘 이 말씀에 능력이 있는 것은 내 안에 살아 계신 예수님이 이 말씀의 본질이시기 때문입니다. 예수님이 없는 말씀은 주문을 외우는 것밖에 되지 않습니다.

에베소 사람들이 다 주 예수의 이름을 높인 이유는 그분이 십자가에 못 박혀 돌아가셨지만 부활하셨고, 바울의 몸에 부활하시어 바울이 바울 자신의 삶을 사는 것이 아니라 예수 그리스도의 삶을 사는 것을 목도했기 때문입니다.

예수의 생명이 없는 자는 귀신이 알아보고 누구냐 힐문하지만, 예수의 생명이 있는 자는 귀신도 그를 알아보고 그를 이기지 못합니다. 결국 믿지 않던 이방인들조차 그 사실을 알고 예수 그리스도의 이름을 높이며 그분 앞으로 돌아왔다는 것입니다.

이와 같이 주의 말씀이 힘이 있어 흥왕하여 세력을 얻으니라

행 19:20

이때 "주(主)의 말씀이 힘이 있다"라는 것은 주(主)가 없는 주의 말씀이나 바울이 가르친 말씀에 힘이 있어서 흥왕하게 된 것이 아니라 예수님이 우리에게 하신 그 말씀, 살아 계신 예수님이 보증해주신 말씀에 힘이 있어서 흥왕하게 된 것입니다. 예수를 알지도 못하면서 예수가 한 말씀을 써먹으려 하는 사람은 한심한 사람입니다. 아무리 주의 말씀을 선포해도 주문을 외우는 것과 똑같은 수준으로 신앙생활 하는 것입니다.

예수와 생명의 관계로 알아야 그분의 말씀에 능력이 나타난다

하나님이 바울의 손으로 희한한 능을 행하게 하시니 심지어 사람들이 바울의 몸에서 손수건이나 앞치마를 가져다가 병든 사람에게 얹으면 그 병이 떠나고 악귀도 나가더라

행 19:11,12

예수를 아는 자라면 이것을 믿습니다. 예수와 생명의 관계가 있는 자는 손수건이나 앞치마를 가지고도 병을 고치고 악귀를 쫓아낼 수 있다고 믿습니다. 그러나 예수를 모르는 자는 예수의 이름을 빙자하여 외쳐본들 아무런 능력도 나타나지 않습니다. 귀신도 웃습니다.

예수님은 유대인들에게 말씀하셨습니다.

너희가 성경에서 영생을 얻는 줄 생각하고 성경을 상고하거니와 이 성경이 곧 내게 대하여 증거하는 것이로다 그러나 너희가 영생을 얻기 위하여 내게 오기를 원하지 아니하는도다 요 5:39,40

예수님은 그들이 성경 속에 영생(永生)이 있는 줄 알고 말씀을

분석하고 쪼개어 머리에 집어넣지만, 성경이 바로 예수님 자신을 증거하고 있는데도 그들이 영생을 얻기 위해 자신에게 나아오려 하지 않는다고 말씀하셨습니다.

> 영생은 곧 유일하신 참 하나님과 그의 보내신 자 예수 그리스도를 아는 것이니이다 요 17:3

그렇습니다. 영생은 곧 유일하신 참 하나님과 그의 보내신 자 예수 그리스도를 아는 것입니다. 우리가 말씀을 보는 이유도 영생을 얻기 위해서입니다. 그러면 영생, 곧 유일하신 참 하나님과 그의 보내신 자 예수 그리스도를 안다는 것이 무엇입니까? 예수가 2천 년 전에 어디서 태어났고 어떤 일을 했고 어떤 말씀을 했는지 다 기억하는 것이 그분을 아는 것입니까? 아닙니다.

'안다'라는 말은 정말 놀랍습니다. '알다'는 히브리어로 '야다'이며 그 뜻은 "다른 것과 구별하여 인격적으로 안다", 심지어 "남편과 아내와 같이 서로 안다"는 뜻도 있습니다. 결국 이때 '안다'라는 것은 우리가 단순히 지식적으로 내 머리로 이해한다, 인식한다, 인정한다는 차원을 뛰어넘는 것입니다.

우리가 참 하나님과 하나님이 보내신 자, 그 아들 예수 그리스도를 안다는 것은 결국 머리로 육체로만 아는 것이 아니라 생명적으로 안다는 의미입니다. 하나가 된다는 뜻입니다. 그것은 머리로는 이해하지만 행동이 뒤따르지 않는 것이 아니라 아는 대로 행동하는 것을 포함합니다. 그분의 생명과 관계가 없다면 '안다'고 말할 수 없습니다. 어제는 이해했는데 오늘은 잊어버렸다면 그것은 아는 것이 아닙니다. '안다'면 잊어버릴 수 없는 것입니다. 왜냐하면 자신과 분리될 수 없고, 자신의 생명이기 때문입니다.

우리 생명이신 그리스도께서 나타나실 그 때에 너희도 그와 함께 영광 중에 나타나리라 골 3:4

내 안에 성령님이 오시지 않으면 예수를 알 수 없다

치유자는 누구입니까? 예수님이십니다. 우리가 예수 그리스도를 알 때 그 예수님이 하신 말씀에 능력이 임하는 것입니다.

내가 아버지께 구하겠으니 그가 또 다른 보혜사를 너희에게 주사 영원토록 너희와 함께 있게 하시리니 저는 진리의 영이라 세상은 능히 저를 받지 못하나니 이는 저를 보지도 못하고 알지도 못함이라 그러나 너희는 저를 아나니 저는 너희와

함께 거하심이요 또 너희 속에 계시겠음이라 요 14:16,17

그(그리스도)를 알 수 있는 방법은 그가 우리와 함께 거하시고, 우리 속에 계실 때입니다. 그분과 우리가 생명적인 관계에 있을 때 비로소 우리는 그분을 안다고 말할 수 있습니다. 예수님께서 또 이렇게 말씀하셨습니다.

내가 너희를 고아와 같이 버려두지 아니하고 너희에게로 오리라 조금 있으면 세상은 다시 나를 보지 못할 터이로되 너희는 나를 보리니 이는 내가 살았고 너희도 살겠음이라 그 날에는 내가 아버지 안에, 너희가 내 안에, 내가 너희 안에 있는 것을 너희가 알리라 요 14:18-20

그분이 내 안에 들어오시지 않고는 우리가 그분을 알 수 없습니다. 그분이 내 안에 들어오시지 않은 상태에서 바울이 가르친 말씀, 예수님이 하신 말씀은 주문에 불과합니다. 오직 그분이 계신 말씀만이 능력입니다.

보혜사 곧 아버지께서 내 이름으로 보내실 성령 그가 너희에게 모든 것을 가르치시고 내가 너희에게 말한 모든 것을

생각나게 하시리라 요 14:26

우리가 구원 받았을 때 성령님이 우리 안에 오십니다. 그분을 의지하지 않고, 그분과 교제하지 않고, 그분이 가르쳐주지 않고, 자신의 머리로 이해한 성경 말씀은 주문에 불과합니다. 그러나 내 안에 계신 성령님께서 그 말씀을 깨닫게 하시고 알려주시고 말씀하실 때, 그 말씀은 더러운 귀신도 쫓아낼 수 있는 하나님의 권능입니다.

우리는 말씀을 통해 예수 그리스도를 만나야 합니다. 우리가 정말 믿는 것은 예수의 말씀이지 그냥 말씀이 아닙니다. 말씀에 집중한다고 예수 그리스도를 잊어버리면 아무 소용이 없습니다. 예수 그리스도가 없는 말씀은 주문입니다. 이것은 아무리 강조해도 지나치지 않습니다.

예수를 만난 사람, 온 생명으로 예수를 아는 사람에게만이 말씀에 권능이 임합니다. 우리가 예수 그리스도를 만날 수 있고 예수 그리스도를 아는 유일한 길은 구원 얻는 길밖에 없습니다.

자신을 바라보는가? 예수를 바라보는가?

"네 믿은 대로 될지어다!"

이 말씀을 믿는 데 당신의 지성과 당신의 감정이 동원되어야 합니까? 어떤 증거를 봐야, 무슨 느낌이 들어야, 뭔가 확신을 갖게 되어야 믿겠습니까? 하지만 예수님은 우리에게 그렇게 말씀하지 않았습니다. 예수님이 치유되었다고 말씀하시면 치유된 것입니다. 계속해서 말씀을 판단하고 이해하여 머릿속에 집어넣으려고 하지 마십시오. 어린아이처럼 보이는 대로, 들은 대로 받아들이십시오. 하나님의 말씀이 그렇다면 그런 것입니다.

하나님의 말씀을 좁디좁은 인간의 마음판에 집어넣으려고 애쓰지 마십시오. 믿음이란 당신의 마음을 하나님의 말씀에 집어넣는 것입니다. 하나님의 말씀을 들으면서도 자기가 가진 틀 속에 말씀을 짜 맞추려 하고, 그것이 여의치 않으니까 억지로 "믿습니다. 믿습니다"를 연발한다고 믿음이 생깁니까? 절대 그렇지 않습니다.

믿음이란 당신이 말씀을 듣고 판단하고 이해하는 것이 아니라 말씀이 당신을 듣고 판단하고 이해하는 것입니다. 그러니 인정하십시오. 예수님이 당신과 함께하십니다. 하나님의 영광이 당신에게 임했습니다. 할렐루야! 하나님께 감사하십시오. 그리고 받아들이십시오. 징표를 찾는 것이 아니라 그냥 받아들이는 것입니다.

믿음이란 단순한 것입니다. 세상이 두 쪽으로 갈라져도 말씀은 말씀대로 이루어집니다. 말씀은 진리입니다. 그 말씀을 그대로 받아들일 때 하나님께서 역사하십니다. 그런데도 우리는 그 말씀보다 자기 자신이 더 중요합니다. 자기 몸이 더 중요하고 자기 느낌이 더 중요하고 자기 생각이 더 중요합니다. 그래서 우리가 기사(奇事)와 표적을 경험하지 못하는 것입니다.

치유자는 예수 그리스도이십니다. 예수님이 없는 말씀은 죽은 말씀입니다. 예수님을 알기 위해서는 예수님을 만나야 합니다. 그러려면 받아들이십시오. 조건이나 느낌을 구하지 마십시오. 당신의 자아를 십자가에 못 박으십시오. 그리고 예수님을 받아들이십시오. 당신 안에 예수님이 함께하시는 것이 곧 믿음입니다.

믿음의 주요 또 온전케 하시는 이인 예수를 바라보자 히 12:2

'바라본다'는 헬라어로 '아포라오'입니다. 그 뜻은 본래 "다른 것으로부터 눈을 돌려서 또 다른 어떤 것을 주목한다"는 것입니다. 당신이 당신의 필요와 결핍, 당신의 질병, 당신의 묶임 때문에 믿음으로 기도하고 성경 말씀대로 선포한다 해도 예수 없이는 아무것도 아닙니다.

당신의 마음을 돌리십시오. 당신의 문제와 필요와 당신의 질병이 아니라 치유자 예수님을 바라보십시오. 당신 안에 들어오신 생명을 바라보고 예수님을 부를 때 비로소 예수님을 만날 수 있습니다. 2천 년 전에 돌아가신 분의 삶, 그분의 인격을 바라보는 것이 아니라 어제나 오늘이나 영원토록 동일하시고 지금도 살아 계신 예수 그리스도를 바라보아야 합니다.

오직 예수만 바라보고 그분의 말씀만 믿어라

여호와께서 모세에게 이르시되 불뱀을 만들어 장대 위에 달라 물린 자마다 그것을 보면 살리라 모세가 놋뱀을 만들어 장대 위에 다니 뱀에게 물린 자마다 놋뱀을 쳐다본즉 살더라 민 21:8,9

모세가 광야에서 뱀을 든 것같이 인자도 들려야 하리니 이는 저를 믿는 자마다 영생을 얻게 하려 하심이니라 요 3:14,15

예수 그리스도를 바라보는 자는 구원을 얻을 것입니다. 치유함을 얻을 것입니다. 이제 둘 중에 하나를 정해야 합니다. 당신의 몸, 당신의 문제, 당신의 필요를 바라보든지 아니면 모세가 장대 위에 매단 놋뱀을 쳐다보자 이스라엘 백성이 산 것처럼 십자가에 못 박히신 예수 그리스도만을 바라보든지 선택하십시오.

베드로가 어떻게 물 위를 걸었는지 생각해보십시오. 예수님이 물 위로 걸어왔을 때 제자들은 유령인 줄 알고 다들 두려워했습니다. 그러자 예수님께서 말씀하셨습니다.

예수께서 즉시 일러 가라사대 안심하라 내니 두려워 말라·

마 14:27

이에 베드로가 주께 "물 위로 오라 명하소서"라고 청하자 예수님은 "오라(Come)"고 말씀하셨습니다. 그러자 베드로는 배에서 내려 물 위로 걸어서 예수님께 갔습니다. 예수 그리스도만을 바라보았을 때 기적이 일어났습니다. 그러나 그가 '어, 내가 물 위를 걷잖아! 앗, 바람이 불잖아!'라고 예수님을 놓치고 자신과 환경을 보는 순간 기적은 끝이 나고 말았습니다.

당신의 생각, 당신의 느낌, 당신의 의지, 당신이 이해하는 유한한 당신을 바라보면 3차원의 세계를 벗어날 수 없습니다. 기사(奇事)와 표적은 차원을 뛰어넘어 하나님나라의 실체가 이 땅에 드러난 것입니다. 당신이 오직 예수 그리스도만을 바라볼 때 초자연계로 들어가는 것입니다.

오직 예수만 바라보십시오. 오직 예수를 믿으십시오. 오직 예수만 따르십시오. 그분의 말씀을 믿으십시오. 지금 당신 안에 계신 예수만 바라보십시오. 당신의 질병과 문제가 뭐든지 간에 그것을 해결하시는 예수만을 바라보십시오.

> 살리는 것은 영이니 육은 무익하니라 내가 너희에게 이른 말이 영이요 생명이라 요 6:63

지금도 살아 계셔서 우리와 함께하시는 주님이 당신에게 들려주시는 그 말씀이 영이요 생명입니다. 그 주님께서 지금도 당신에게 말씀하기를 원하십니다. 지금도 살아 계신 예수님께서 말씀하시는 것이 바로 능력입니다.

오직 예수 그리스도를 바라보고 찾는 자가 하나님의 자녀이며 영생을 가진 자이며 이 땅에서 넉넉히 승리하는 자입니다.

THE HEALING PRAYER

chapter 5

예수 그리스도께 뿌리박고 예수님만 의지하십시오

당신의 문제와 필요와 당신의 질병이 아니라 치유자 예수님을 바라보십시오. 당신 안에 들어오신 생명을 바라보고 예수님을 부를 때 비로소 예수님을 만날 수 있습니다. 어제나 오늘이나 영원토록 동일하시고 지금도 살아계신 예수 그리스도를 바라보아야 합니다.

chapter 5

지금 하나님의 신유를 목격하고 있는가?

신학자 토마스 아퀴나스(1225-1274)가 당시의 교황을 접견하게 되었을 때 교황은 이렇게 자랑하였습니다.

"사도 베드로는 그 당시에 '은과 금은 없다'고 했지만(행 3:6 참조) 지금 우리 시대의 교회는 은과 금으로 넘쳐납니다."

그러자 아퀴나스가 이렇게 대답하였습니다.

"오늘 우리의 교회가 은과 금은 풍성해졌는지는 모르지만 예수님의 이름으로 앉은뱅이를 일으키는 권세는 잃어버렸습니다."

오늘 우리 시대의 영적 형편은 어떻습니까? 교회 건물이 웅장하고, 내부 시설이 화려해지고, 재정이 풍성해지고, 조직과 행정이 빈틈없고, 온갖 프로그램이 구비되었지만 교회 안에 예수 이름의 권세가 있습니까? 예수님의 이름으로 병자가 치유되고, 예수님의 이름으로 귀신이 쫓겨나고 하나님나라가 도래하는 것을 목격하고 있습니까?

나는 포기해도 예수의 영은 포기하지 않는다

우리는 날마다 하나님을 사랑하고 좀 더 예수님을 위해 살고 싶다고 고백합니다. 하지만 결단하고 헌신하는 삶도 잠시, 다시 우울에 빠집니다. 문제가 생기고 한계에 부딪히고 또다시 깊은 우울에 빠지면서 '내가 어떻게 해야 할까?', '나는 어쩔 수 없구나!', '하나님이 왜 나를 고쳐주시지 않는가?' 이런 생각을 하기가 쉽습니다. 이 문제에 대한 답을 로마서 7장 말씀에서 얻을 수 있습니다.

> 나의 행하는 것을 내가 알지 못하노니 곧 원하는 이것은 행하지 아니하고 도리어 미워하는 그것을 함이라 롬 7:15

> 내가 원하는 바 선은 하지 아니하고 도리어 원치 아니하는 바 악은 행하는도다 만일 내가 원치 아니하는 그것을 하면 이를 행하는 자가 내가 아니요 내 속에 거하는 죄니라
>
> 롬 7:19,20

그렇다고 죄에게 모든 책임을 전가하기도 답답한 노릇입니다. 하나님을 사랑하고 하나님을 위해 살고 싶은데, 내 마음은 원하지만 원하는 것을 행하지 않고 원하지 않는 것을 행하는 자신을 보면 자신이 미워지기도 하는 것입니다. 그런데 그렇게 잘 안 되면서도 늘 애쓰는 당신을 돌아보십시오. 놀랍지 않습니까?

사실 과거에는 자기 육신의 정욕대로, 육체와 마음이 원하는 것을 하며 살았지만, 지금 우리는 비록 잘 되지 않아도 계속 예수 그리스도 앞으로 나아가고 다시 일어서려고 노력합니다. 이것은 놀라운 변화입니다.

> 그중에 이 세상 신이 믿지 아니하는 자들의 마음을 혼미케 하여 그리스도의 영광의 복음의 광채가 비취지 못하게 함이니 그리스도는 하나님의 형상이니라 고후 4:4

과거에는 세상 신(神)이 우리의 마음을 혼미케 하여, 그리스도의 복음의 광채가 우리 마음에 비추어지지도 않았습니다. 그렇기 때문에 단순히 인간이 말하는 선한 일을 해보다가 싫으면 관두고, 죄를 지어도 그것이 죄인지 모르고 살았습니다. 그런데 지금은 실수하고 실패하여 죄의식, 죄책감, 정죄감이 있더라도 다시금 예수 그리스도 앞으로 나아갑니다. 옛날 같으면 노력하다가

안 되면 포기했지만 지금은 포기가 되지 않습니다. 넘어지고 쓰러지고 우울에 빠졌다가도 오뚝이처럼 다시 일어나 예수님 앞으로 나아갑니다.

그 이유가 무엇입니까? 그것은 우리 안에 계신 그리스도의 영이 우리의 마음판에 그리스도의 마음을 부어주고 있기 때문입니다. 그렇기 때문에 우리에게 소망이 있습니다.

> 어두운 데서 빛이 비취리라 하시던 그 하나님께서 예수 그리스도의 얼굴에 있는 하나님의 영광을 아는 빛을 우리 마음에 비취셨느니라 우리가 이 보배를 질그릇에 가졌으니 이는 능력의 심히 큰 것이 하나님께 있고 우리에게 있지 아니함을 알게 하려 함이라 고후 4:6,7

당신은 자신이 예수를 믿기로 작정했으니 오기가 나서, 자기 의지로, 계속해서 예수 그리스도 앞에 나온다고 생각하십니까? 당신은 이미 구원 받은 자이며 당신 안에 그리스도의 영이 계십니다. 그 그리스도의 영이, 질그릇 같은 우리 속에 들어오신 하나님의 영광의 빛이, 당신의 마음판에 예수 그리스도의 본질과 그분의 뜻을 부어주십니다. 우리의 육신이 비록 실패하고 좌절하고 죄책감을 느끼더라도 우리는 그 마음 때문에 다시 일어서게 되고, 다시 예수 그리스도 앞에 나오게 되는 것입니다.

자기 자신이 예수를 믿으면 비참해지는 이유

당신은 당신 안에 있는 그분의 영의 인도함을 받습니까? 그렇지 않고 당신 방법대로 예수님을 위하고, 당신 방법대로 예수님을 섬기면서, 이 땅에서 예수님이 말씀하신 대로 살려고 노력하기 때문에 문제가 해결되지 않는 것입니다.

당신이 예수를 믿기 때문에, 예수를 위해 노력하면 할수록, 당신의 인생은 비참해집니다. 예수 때문에 잘 살아보려고 노력할수록 당신의 삶은 더 미궁에 빠집니다. 왜 그렇습니까? 예수를 위해 살려고 하는 주체가 바로 '당신'이기 때문입니다. 복음은 당신의 삶에 대한 것이 아니라 예수 그리스도의 삶에 대해 말씀하기 때문입니다.

사람들은 성경을 읽으면서, 성경에 나오는 인물들이 어떤 위대한 일을 했고 어떻게 신앙생활 했는지에 초점을 맞춥니다. 그러나 실제로 성경은 다윗과 베드로와 스데반과 바울과 같은 사람에게 예수 그리스도가 어떻게 나타났는지 알려줍니다. 그 사실은 놓치고 다윗처럼 살겠다거나 바울처럼 살겠다는 것은 그 사람 안에 나타나신 예수 그리스도의 역사를 놓치고 마는 것이며 일개 인간을 본받는 삶밖에 되지 않습니다. 성경은 인간의 삶이 아니라 예수 그리스도의 삶을 나타내기 때문입니다.

복음이 가르쳐주는 예수 그리스도의 삶을 붙드십시오. 당신 안에서 능력으로 역사하시는 예수 그리스도의 역사를 따를 때, 당신은 비로소 승리할 것입니다. 성경 역시 당신이 당신 안에 계시는 그리스도의 영으로 인도함을 받고 당신 안에 계시는 예수 그리스도의 권능에 의존하는 삶을 살아야 한다고 가르칩니다.

이를 위하여 나도 내 속에서 능력으로 역사하시는 이의 역사를 따라 힘을 다하여 수고하노라 골 1:29

사도 바울의 말처럼 우리도 힘을 다하여 수고하며 최선을 다해 살아야 합니다. 그러나 당신 안에 계시는 그리스도의 능력에 의존하지 않는다면 소용이 없습니다. 당신의 능력과 힘으로 열심히 사는 것이 아니라 당신 안에서 능력으로 역사하시는 이의 역사를 따라 열심히 사는 것이 정답입니다. 그런데도 사람들은 이 사실을 깨닫지 못합니다.

우리 가운데서 역사하시는 능력대로 우리의 온갖 구하는 것

이나 생각하는 것에 더 넘치도록 능히 하실 이에게 엡 3:20

그렇습니다. 주님은 우리의 기도를 들으십니다. 우리가 생각하고 구하는 것 이상으로 훨씬 넘치게 주시기를 원하십니다. 그러나 그렇게 하기 위해서는 우리가 우리 가운데 역사하시는 예수 그리스도의 힘의 능력을 따라 구할 줄 알아야 합니다.

나무와 가지, 뿌리와 생명수

'내 안에 계신 예수 그리스도의 능력으로'라는 표현을 나무에 비유해본다면, 마치 나무가 그 뿌리를 어디에 박고 어떻게 그 뿌리로부터 물과 양분을 빨아들여서 열매를 맺느냐 하는 것과 다르지 않을 것입니다. 성경에 나오는 '포도나무와 가지' 비유 또는 '시냇가에 심은 나무' 비유를 생각해보십시오.

나는 포도나무요 너희는 가지니 저가 내 안에, 내가 저 안에 있으면 이 사람은 과실을 많이 맺나니 나를 떠나서는 너희가 아무것도 할 수 없음이라 요 15:5

그러나 무릇 여호와를 의지하며 여호와를 의뢰하는 그 사람은 복을 받을 것이라 그는 물가에 심기운 나무가 그 뿌리를 강변에 뻗치고 더위가 올지라도 두려워 아니하며 그 잎이 청청하며 가무는 해에도 걱정이 없고 결실이 그치지 아니함 같으리라 렘 17:7,8

에스겔 선지자는 환상 속에서 본 성전의 비유를 통해서 이렇게 말하고 있습니다.

강 좌우 가에는 각종 먹을 실과나무가 자라서 그 잎이 시들지 아니하며 실과가 끊이지 아니하고 달마다 새 실과를 맺으리니 그 물이 성소로 말미암아 나옴이라 그 실과는 먹을 만하고 그 잎사귀는 약 재료가 되리라 겔 47:12

요한계시록 22장에서도 이 말씀을 동일하게 보여줍니다.

또 저가 수정같이 맑은 생명수의 강을 내게 보이니 하나님과 및 어린양의 보좌로부터 나서 길 가운데로 흐르더라 강 좌우에 생명나무가 있어 열두 가지 실과를 맺히되 달마다 그 실과를 맺히고 그 나무 잎사귀들은 만국을 소성하기 위

하여 있더라 계 22:1,2

나무가 그 뿌리를 물이 있는 곳에 내렸을 때라야 그 뿌리로부터 마음껏 생수를 끌어올려서 어떤 상황에서도 잎이 무성하고 풍성한 실과를 맺습니다. 나무가 시내나 강가로 뿌리를 뻗었다고 할 때, 강가나 시내는 의미상 에스겔서나 요한계시록에서 언급된 것처럼, 하나님과 및 어린양의 보좌로부터 나오는 '생명수'를 뜻합니다.

그렇다면 보좌로부터 나오는 생명수에 닿아 땅 속에서부터 물을 흡수하는 뿌리털(root hair) 같은 역할을 하는 것이 무엇일까요? 뿌리털은 거의 보이지 않을 만큼 가늘지만 그 길이를 합쳐보면 엄청나게 깁니다. 뿌리털이란 사람으로 치면 오감(五感)과도 같습니다.

우리가 마음의 뿌리를 어디에 두고 있는지 생각해보십시오. 세상에 뿌리를 박고 미세한 뿌리털을 통해 그 세상의 지식과 정보를 빨아들이고 있지는 않습니까? 세상으로부터 들어온 지식과 정보를 다시 우리의 마음에, 우리의 머리에 집어넣고, 육신의 사고체계를 통해 주관적으로 해석하고, 경험한 것을 보관했다가 다시 그것에 비추어 판단하는 데 사용해가면서 살아오지 않았습니까?

하나님의 생명수가 끊어졌다면 당신은 죽은 것이다

그러나 성경은 명백히 우리 마음의 뿌리를 예수 그리스도에게 박으라고 말씀합니다. 그렇습니다. 우리는 우리 마음을 예수 그리스도에 뿌리박고 그분의 영으로부터 부어주시는 영감과 감동을 통해 주님이 말씀하시는 것을 들어야 합니다.

> 그러므로 너희가 그리스도 예수를 주로 받았으니 그 안에서 행하되 그 안에 뿌리를 박으며 세움을 입어 교훈을 받은 대로 믿음에 굳게 서서 감사함을 넘치게 하라 골 2:6,7

NLT 영어성경의 표현을 살펴보면 더 정확히 알 수 있습니다.

> Let your roots grow down into him and draw up nourishment from him, so you will grow in faith, strong and vigorous in the truth you were taught.

우리가 예수 그리스도를 주(主)로 받아들였으니 우리는 그에게 지속적으로 순종하며 살아야 합니다. 인용한 영어성경을 직역하자면, “너의 뿌리를 그에게 뻗어 자라나게 하고, 그로부터 양분을 끌어올려야 한다"라고 표현되어 있습니다. 그렇게 될 때 어떤 일이 벌어지느냐 하면, "믿음이 자라날 것이며 뿐만 아니라 배운 말씀이 강하고 왕성하게 된다"는 것입니다.

그렇습니다. 우리가 세상에 뿌리를 박고 세상으로부터 가져온 것들로는 아름다운 열매를 맺을 수 없습니다. 우리는 우리의 심령에 계신 예수 그리스도의 영에 뿌리를 박아야 합니다. 예수 그리스도의 영이 하나님의 생명이시며, 그분이 우리의 심령 안에 계셔서 우리가 그분에게 뿌리를 박고, 그분으로부터 생명수를 끌어올릴 때만이 우리가 아름다운 열매를 맺을 수 있습니다. 우리의 영혼육에 그 생명수가 충만할 때 우리의 믿음이 자라고 말씀도 흥왕해집니다.

하나님의 생명수가 끊어졌다면 당신은 죽은 것입니다. 마치 식물을 뿌리째 뽑아놓은 것과 같습니다. 겉보기에 멀쩡해 보여도 뿌리로부터 하나님의 생명이 흘러 들어오지 않는다면 당신은 죽었습니다. 세상적으로 보기에는 살아 있는지 모르지만 영적으로 볼 때 당신은 죽은 것입니다. 그런데도 우리는 그 부분에 대해 전혀 관심이 없습니다.

우리의 마음에서 일어나는 혼적(魂的)인 모든 생각과 감정과 의지적인 행동 반응이 온전한 생각, 온전한 감정, 온전한 행동이 되는 데도 하나님의 생명수가 있어야만 합니다. 그리스도의 영에 뿌리를 박아야 생명수를 끌어올릴 수 있고 그래야 말씀이 녹아서 우리의 영혼육에 퍼져 올바른 생각으로, 올바른 감정으로, 올바른 행동으로 변화되는 것입니다.

> 육신을 좇지 않고 그 영을 좇아 행하는 우리에게 율법의 요구를 이루어지게 하려 하심이니라 롬 8:4

자신의 열매가 아니라 그리스도의 열매를 맺으라

어떻게 해야 온전한 열매를 맺을 수 있습니까? 어떻게 해야 나를 통해 그리스도의 성품이 나타나겠습니까?

> 내 안에 거하라 나도 너희 안에 거하리라 가지가 포도나무에 붙어 있지 아니하면 절로 과실을 맺을 수 없음같이 너희도 내 안에 있지 아니하면 그러하리라 나는 포도나무요 너희는 가지니 저가 내 안에, 내가 저 안에 있으면 이 사람은 과실을 많이 맺나니 나를 떠나서는 너희가 아무것도 할 수 없음이라 요 15:4,5

가지가 나무에 붙어 있지 않으면 그것은 막대기에 불과합니다. 아무런 의미가 없습니다. 나무에 붙어 있지 않으면 막대기라 불리는 것도 나무에 붙어 있으니 가지가 되어 그곳에서 잎이 나고 열매가 맺히게 되는 것입니다.

놀랍지 않습니까? 예수 그리스도가 바로 포도나무요 우리는 가지입니다. 우리가 예수 그리스도를 믿은 직후로, 가지가 그 나무를 떠날 수 없고 그 나무를 떠나서는 아무것도 할 수 없는 것처럼, 우리가 그분 안에, 그분이 우리 안에 머물러 있으면 과실을 많이 맺지만 그분을 떠나면 우리는 아무것도 할 수 없다는 말씀입니다. 실제로 포도나무 가지는 볼품도 없고 뒤틀려 있어 목재나 장작감으로도 환영받지 못합니다. 그러나 우리 자신의 인생이 아무리 보잘것없어 보여도, 예수 그리스도 안에 붙어만 있으면 그분의 열매를 맺을 수 있다는 것입니다.

그런데도 우리는 당최 그렇게 생각하지 않습니다. 특별히 필요할 때만 붙으면 된다고 생각합니다. 우리는 예수를 믿고도 자기가 할 수 있는 일을 스스로 다 하고 그러다가 자기가 할 수 없는 일을 만나면 그때만 그 나무에 들러붙어서 어떻게든 해보려고 하면서 살아간다는 것입니다. 그것은 그냥 막대기처럼 사는 것입니다.

예수 그리스도의 생명이 우리 안에 있어야 살아 있는 것입니다. 그 생명수가 가득 차지 않으면 죽은 것입니다. 날마다, 숨 쉬는 순간마다, 어디를 가든지, 어떤 시간에라도 그 생명에 붙어 있지 않고, 그 생명이 나를 통해 나타나지 않는다면 나는 죽었다고 생각하십시오.

예수님은 포도나무요 우리는 가지니 그분에게 떨어져서는 아무것도 할 수 없다는 사실을 기억하되, 우리가 가지에 붙어 있기 때문에 열매를 생산해낸다고 생각해서는 안 됩니다. 가지는 열매를 생산할 수 없습니다. 영어로 표현하면, 가지는 열매를 생산할(production) 수 없고 맺히는(bearing) 것입니다. 가지가 포도나무에 붙어 있었기 때문에 열매가 맺히는 것이지, 가지 스스로 열매를 맺은 것이 아닙니다.

그런데도 우리는 예수 그리스도께 붙어 있다면서 또 자기가 열매를 맺으려고 합니다. 자신의 선행과 고행과 금식을 통해 자신의 열매를 맺으려고 합니다. 자신이 얼마나 거룩한 삶을 사느냐, 자신이 얼마나 선한 일을 많이 하느냐, 자신이 얼마나 절제하는 삶을 사느냐, 그런 것은 냄새나는 당신의 열매이지 아름다운 열매가 될 수 없습니다. 그 열매를 먹는 자를 소성케 하지도 못합니다.

우리는 그분의 열매를 맺어야 합니다. 나를 위해서가 아닙니다. 다른 사람들을 위해, 그 열매를 마음껏 먹고 새 생명을 얻도록 하기 위해 그리스도의 생명수를 통해 그리스도의 열매, 성령의 열매를 맺어야 합니다.

자칭 그리스도인이라고 하면서 자신의 열매를 맺고 그 열매를 자랑하는 사람들이 얼마나 많습니까? 하나님은 그것을 결코 아름답게 보지 않으십니다. 하나님은 분명히 그들더러 "내가 너희를 도무지 알지 못하니 불법을 행하는 자들아 내게서 떠나가라"(마 7:23)라고 말씀하실 것입니다.

우리는 우리 심령에 계신 그리스도의 영에 뿌리를 박고 우리 안에 들어오는 말씀에 반응하여 그리스도의 열매를 맺는 존재입니다. 이 말씀이 우리를 변화시키기 위해서는 보좌로부터 나오는 예수 그리스도의 생명수가 우리에게 흘러 넘쳐야 합니다. 말씀이 역사하기 위해, 말씀이 능력이 되기 위해, 말씀이 우리를 변화시키기 위해서는 생명수가 필요합니다.

하나님의 생명수가 있어야 말씀이 믿어지는 믿음이 생긴다

믿음은 크게 '지적 동의'와 '신뢰'로 나뉩니다. 우리가 말씀을 이해하고, 그렇다고 하는 것은 지적 동의입니다. 그러나 우리가 그 말씀대로 행동하고, 그 말씀대로 느끼고, 그 말씀대로 살아갑니까? 그렇게 하지 못하는 것은 온전히 믿지 못하기 때문입니다. 그런데도 많은 사람들은 지적 동의를 믿음이라고 착각합니다.

그러므로 믿음은 들음에서 나며 들음은 그리스도의 말씀으로 말미암았느니라 롬 10:17

믿음은 말씀을 들어야 생긴다고 하나 예수 그리스도의 말씀을 들어도 그 말씀대로 행동하고 말씀대로 느끼는 것은 너무나 어렵습니다. 하지만 자신의 육신의 고통을 생각하지 말고, 믿는 대로 행동해보십시오. 지적 동의는 믿음이 아닙니다. 말씀에 당신의 전부가 들어가서 당신의 생각도, 느낌도, 행동도 그 말씀에 일치시키는 것이 믿음입니다.

그 믿음은 그리스도의 말씀만 듣는다고 생기는 것이 아닙니다. 예수 그리스도에게 뿌리를 박지 않고, 그 예수 그리스도의 생명수가 흘러나지 않고서는 절대로 말씀이 믿어지는 믿음이 일어나지 않습니다. 믿음은 말씀이 진리라는 것이 믿어지는 것입니다. 자기 이성으로, 의지적으로 끌어안는 노력은 믿음이 아닙니다.

믿음은 예수 그리스도의 영에 뿌리를 박아 생명수가 올라올 때, 하나님의 생명수 안에 말씀이 풀어질 때 생깁니다.

너희가 내 안에 거하고 내 말이 너희 안에 거하면 무엇이든지 원하는 대로 구하라 그리하면 이루리라 요 15:7

이렇게 생각해보십시오. 육신의 건강을 위해서는 날마다 규칙적으로 음식을 먹어야 합니다. 그러나 물을 마시지 않으면 그 음식은 분해되지 않아, 에너지로 변화되지 않습니다. 마찬가지로 당신의 영혼이 강건하기 위해서는 날마다 규칙적으로 생명의 씨앗인 말씀을 먹어야 합니다. 그러나 생명수가 함께하지 않는다면 그 말씀은 풀어지지 않으며 당신의 영혼에 능력이 되지 않습니다.

목마른 자 누구에게나 영생수가 되시는 예수께 나아오라

명절 끝날 곧 큰날에 예수께서 서서 외쳐 가라사대 누구든지 목마르거든 내게로 와서 마시라 나를 믿는 자는 성경에 이름과 같이 그 배에서 생수의 강이 흘러나리라 하시니 이는 그를 믿는 자의 받을 성령을 가리켜 말씀하신 것이라 (예수께서 아직 영광을 받지 못하신 고로 성령이 아직 저희에게 계시지 아니하시더라) 요 7:37-39

말씀을 듣고 절기를 지키고 예배를 드렸는데도 여전히 목마르거든 누구든지 예수께 나아가면 됩니다. 예수님은 "나를 믿는 자는 '그의 가장 깊은 곳에서 생수의 강이 흘러나오리라(from his innermost being will flow rivers of living water, NASB)' " 말씀하십니다. 그 사람 안에서 그리스도의 영에 뿌리를 박고 끌어올리는 생명수, 그것은 장차 믿는 자들이 받을 성령을 가리키는 말씀이었습니다.

그렇습니다. 우리는 속에서부터 매순간 예수의 생명이 흘러나와야 합니다. 그 생명이 우리의 영혼육 전부를 적셔야 합니다. 그렇지 않으면 당신은 죽은 것입니다. 그리스도의 영이 당신을 사로잡아야 말씀에 능력이 임합니다. 당신의 생각도 감정도 행동도 바뀝니다. 그것이 당신이 사는 길입니다. 우리의 모든 삶은 예수 그리스도의 생명에 의해 영위되어야 합니다. 예수 그리스도의 생명수가 없으면, 성경에서 영생을 얻는 줄 알고 줄기차게 성경을 연구해도 정작 예수께는 오지 않는 자가 되어버립니다(요 5:39,40). 아무리 성경을 많이 읽고 하나님에 대해 박식하다고 해도 그가 예수 그리스도를 모른다는 것입니다.

오직 예수 그리스도의 이름에 의지하라

그렇다면 우리가 어떻게 해야 우리의 가장 깊은 곳에서 생수의 강이 흘러나 우리의 영혼육을 풍성히 적시게 됩니까? 바로 예수 그리스도의 이름에 의지하여 살아야 합니다. 예수 그리스도의 이름은 기도 말미에 붙이는 미사여구가 아닙니다. 아무런 뜻 없이 생각 없이 주문처럼 외우는 그런 이름이 아닙니다. 예수 그리스도의 이름을 믿고, 진정으로 당신 안에 있는 그리스도의 영을 믿고, 그 그리스도의 영에 의지하여, 예수 그리스도의 이름으로 생각하고, 예수 그리스도의 이름으로 행할 때 당신 안에서 예수 그리스도의 생명수가 흘러넘치기 시작합니다.

> 또 무엇을 하든지 말에나 일에나 다 주 예수의 이름으로 하고 그를 힘입어 하나님 아버지께 감사하라 골 3:17

무엇을 하든지 말에나 일에나 다 예수 그리스도의 이름으로 행해야 합니다. 예수 그리스도의 이름을 입술로 말할 수 없더라도 당신의 심령에 그 이름을 고정해두고 "예수 그리스도의 이름으로 사랑합니다", "예수 그리스도의 이름으로 축복합니다", "예수 그리스도의 이름으로 지혜를…", "예수 그리스도의 이름으로 지식을…", "예수 그리스도의 이름으로 힘을…"이라고 구하는 믿음이 있을 때, 우리 눈에 보이지 않지만 하나님의 영광과 하나님의 생명수가 우리의 온 영혼육을 덮기 시작하는 것입니다. 기억하십시오. 예수 그리스도의 이름을 부를 때 하나님의 영광이 실재적으로 당신으로부터(in you) 나타나시며 당신 위에(upon you) 임하십니다. 저는 집회 때마다 전심을 다해 예수 그리스도의 이름을 부를 때 하나님의 영광이 실재적으로 임하시는 것을 봅니다.

예수 그리스도를 의지하십시오. 예수님이 당신의 심령 안에 거하셔야 합니다. 그리스도의 영이 함께하시면, 설령 넘어지고 실패하고 거꾸러지더라도 자신도 모르게 다시 예수 그리스도 앞으로 나오는 자가 됩니다. 당신이 실패한 이유는 그 뿌리를 세상에 박았기 때문입니다. 이제 그분을 의지하십시오. 예수 그리스도에게 뿌리를 박으면 당신 안에 있는 말씀이 세상을 바꿀 수 있는 능력으로 변화됩니다. 예수 그리스도의 이름으로, 내 안에 계신 그분을 바라보고, 그분의 말씀으로 세상을 바라보고, 그분의 말씀을 선포할 때 하나님의 영광이 임하시고 당신의 삶이 변화하고 당신의 기도에 능력이 임합니다.

예수 그리스도 안에 거하라!

너희가 내 안에 거하고 내 말이 너희 안에 거하면 무엇이든지 원하는 대로 구하라 그리하면 이루리라 요 15:7

이 말씀의 순서가 정말 중요하다는 것을 잊지 마십시오. 주님의 말씀이 우리 안에 거하기에 앞서 주님이 우리 안에 거하실 때 비로소 온전하게 하나님의 말씀이 작동합니다. 우리가 구원 받았다면 하나님의 영으로 인도함을 받을 것입니다. 그 사람이 바로 하나님의 자녀입니다.

당신은 구원 받았습니까? 그렇다면 가장 먼저 예수 그리스도의 생명을 찾으십시오. 당신이 포도나무에 붙어 있는 가지가 되는 것이 가장 중요합니다. 예수 그리스도 안에 거하는 것을 당신의 목숨보다 귀하게 여겨야 합니다. 예수 그리스도의 생명이 없으면 아무 소용이 없기 때문입니다.

그분이 먼저 우리 안에 거하고 그분의 말씀이 우리 안에 거해야 합니다. 마찬가지로 우리의 문제가 무엇이든 간에, 어떤 고통과 질병과 고난의 문제가 있더라도 그 문제에 초점을 맞춘다면 그것은 우리의 뿌리를 세상에 박는 것과 같다는 사실을 명심하십시오. 당신의 뿌리를 당신 안에 계신 예수 그리스도에게 뻗으십시오. 그분으로부터 생명수를 끌어올려서 당신의 영혼육을 적셔야 합니다. 그때 하나님의 말씀을 입으로 선포할 때 기적이 일어납니다.

사람이 마음으로 믿어 의에 이르고 입으로 시인하여 구원에 이르느니라 롬 10:10

먼저 하나님의 영광의 임재가 있어야만 말씀이 능력이 되어 역사합니다.

하나님의 신은 수면에 운행하시니라 하나님이 가라사대 빛이 있으라 하시매 빛이 있었고 창 1:2,3

하나님의 신(神)이 수면 위를 운행할 때, 바로 하나님의 영광이 임할 때, 하나님이 빛이 있으라 말씀하셨고 비로소 빛이 생겼습니다. 예수 그리스도께서도 공생애를 시작하시기 전에는 아무 이적도 행하시지 않으셨습니다. 요한에게 세례를 받고 성령세례를 받고 권능으로 기름부음을 받고 나서부터 기사(奇事)와 표적을 행하셨습니다. 하나님의 영광이 없이 말씀만 선포한다고 역사가 일어나는 것이 아닙니다.

당신이 자신 안에 계신 그리스도께 당신의 전부를 의지하고 있는지 날마다 매순간 점검하십시오. 그리스도의 생명수에 흠뻑 젖기 위해 언제 어디서나 마음속으로 예수님을 불러야 합니다. 오직 예수의 이름으로 행해야 합니다.

"예수님, 사랑합니다. 예수님, 감사합니다."

"예수님, 나와 함께하심에 감사드립니다."

"예수님, 나의 영혼육을 사로잡아주옵소서."

"예수님, 나에게 새로운 지혜를 주옵소서."

"예수님, 생각나게 하시고 보여주옵소서."

이렇게 진심으로 당신 안에 계신 그리스도의 영을 믿고 행할 때 당신의 삶이 달라집니다.

하나도 세상에 내주지 말고 온전히 예수께 뿌리박아라

세상 신(神)은 우리의 뿌리털 하나까지 그에게 초점을 맞추도록 만들려고 합니다. 그렇지만 우리는 우리 눈앞에 보이는 상황이 어떻다 해도 우리 마음의 뿌리를 내 안에 계신 예수 그리스도께 박고, 예수 그리스도의 이름으로 말하고, 예수 그리스도의 이름으로 행해야 합니다. 그럴 때 하나님의 영광이 우리를 덮기 시작하고 그때부터 말씀에 권능이 임합니다.

예수 그리스도께 붙어 있지 않으면 그는 죽었습니다. 성경 말씀을 통째로 외운다 해도 그는 죽은 자입니다. 세상에 박혀 있는 뿌리를 뽑아내십시오. 당신의 마음의 뿌리가 예수 그리스도께 박혀 있어야 생명수가 흘러넘칠 것입니다. 그리스도의 생명 안에 거하십시오. 성령의 조명 하에 말씀을 읽어야 그 말씀이 살아 역사하는 말씀, 능력의 말씀이 됩니다. 기적을 일으키는 말씀이 됩니다.

마음의 뿌리를 예수 그리스도께 박으셨습니까? 그 속으로부터 생명수가 흘러넘치도록 하기 위해 무엇을 행하든, 무엇을 말하든 예수 그리스도를 의지하고 예수 그리스도의 이름으로 하십시오.

> 또 무엇을 하든지 말에나 일에나 다 주 예수의 이름으로 하고 그를 힘입어 하나님 아버지께 감사하라 골 3:17

이제 우리가 해야 할 일은 마음을 새롭게 함으로 변화를 받는 것입니다. 그것은 바로 그리스도의 영에 인도함을 받아 우리 안에 육적인 사고체계를 제거하고 영적인 사고체계를 새롭게 건축하는 일입니다. 새로운 사고체계가 내 마음에 자리 잡게 하는 것이 곧 말씀입니다. 우리는 성령 안에서 이 말씀을 통해 세상을 바라보고 이해해야 합니다. 이것이 바로 하나님나라의 삶을 사는 믿음의 백성이 가장 먼저 해야 할 일입니다.

치유는 단지 구원받은 자가 하나님께 애걸복걸하는 것이 아니라 하나님나라의 백성이 누려야 할 마땅한 은혜 중에 하나입니다. 이것이 바로 제가 이 책에서 주장하는 바입니다. 육신의 치유의 관점에서 하나님을 바라보는 것이 아니라, 하나님나라에서 그 나라의 법을 적용하는 관점에서 육신의 치유를 바라보자는 것입니다. 인간의 관점에서는 육신의 생명을 연장시키는 것이 최대 관심일지 모르지만, 하나님의 관점에서는 우리가 그분의 영광과 성품을 이 땅에서 얼마나 더 나타내느냐가 훨씬 더 큰 관심입니다. 그것을 위하여 하나님은 우리 육신의 강건함을 원하십니다.

하나님은 우리를 치유하시는 하나님이시고, 치유하시기를 원하십니다. 그러나 당신이 열심히 기도해서 치유 받았다고 한들, 이 땅에서 주의 뜻을 이루는 삶을 살지 않는다면 무슨 소용이 있습니까?

나의 간절한 기대와 소망을 따라 아무 일에든지 부끄럽지 아니하고 오직 전과 같이 이제도 온전히 담대하여 살든지 죽든지 내 몸에서 그리스도가 존귀히 되게 하려 하나니 빌 1:20

우리 몸에서 그리스도가 존귀히 되게 하기 위해 이 땅에 사는 동안 우리가 건강해야 하지 않겠습니까? 사는 동안 우리 마음을 통해 그분의 아름다운 덕(德)과 성품을 나타내지 않는다면, 우리 몸이 왜 필요합니까?

지금 당신에게 치유 받을 만한 믿음이 있는가?

그리스도의 영에 인도함을 받는 새로운 사고체계를 가지고, 치유의 삶을 누립시다. 하나님은 우리의 영혼뿐만 아니라 우리의 육신도 강건하기를 원하십니다. 예수님의 대속(代贖)은 율법의 모든 저주에서 우리를 해방시키셨습니다. 그 안에는 우리 영혼의 구원뿐만 아니라 육신의 구원까지 모두 포함되어 있습니다.

우리의 권세(authority)는 예수 그리스도께서 우리 죄를 대신하여 십자가에서 흘리신 피 값 때문입니다. 우리가 육신의 사고체계를 십자가에 못 박고 예수 그리스도의 영이 우리 안에 들어오셔서 그분의 인도함을 받을 때, 우리에게 능력(power)이 주어지는 것입니다. 우리에게는 예수님이 우리에게 주신 영광이 있습니다. 뱀과 전갈을 밟으며 원수의 모든 능력을 제어할 권세가 주어졌습니다.

이제 우리의 고통과 환난 그리고 질병을 치유하기 위해서 필요한 것은 오직 믿음입니다. 이 믿음은 내 마음의 뿌리가 예수 그리스도께 박혀 있을 때, 말씀대로 세상을 보고, 말씀대로 믿어지는 믿음입니다. 우리가 이 믿음을 가질 때 하나님나라와 의에 이르게 됩니다.

치유는 하나님의 뜻입니다. 이제 문제와 질병을 꾸짖으십시오. 그리고 그것들을 붙들고 있는 악한 영을 묶고 쫓아내십시오.

"믿음은 바라는 것들의 실상이요 보이지 않는 것들의 증거"라고 했습니다. 문제를 바라보지 마시고, 말씀을 통하여 이미 그분께서 이루신 결과를 바라보며 이 땅에 말씀의 실체가 나타나도록 담대히 선포하십시오. 입술을 열어 큰소리로 선포하셔야 합니다. 마음으로 믿은 것을 당신의 입술로 선포하지 않는다면 아무것도 아닙니다. 하나님의 역사는 당신의 입술의 선포에 달려 있습니다. 그것이 왕의 기도입니다.

당신이 믿음으로 말씀에 따라 선포했다면, "무엇이든지 기도하고 구하는 것은 받은 줄로 믿으라 그리하면 너희에게 그대로 되리라"(막 11:24)는 이 말씀대로 보이거나 느껴지는 대로 행동하지 마시고, 믿는 대로 행동하십시오. 행동 없는 믿음은 죽은 믿음입니다. 그 마음이 예수 그리스도에게 뿌리를 박고 있는 자에게 표적이 따릅니다.

> 믿는 자들에게는 이런 표적이 따르리니 곧 저희가 내 이름으로 귀신을 쫓아내며… 병든 사람에게 손을 얹은즉 나으리라 막 16:17,18

THE HEALING PRAYER

chapter 6

마음의 상처와 육신의 질병을 위한 치유기도

당신이 기도할 때 언제 어디서라도 예수님은 당신을 알고, 당신을 기다리고 계십니다. 지금 당신이 어떤 고통과 문제를 가지고 있든지 먼저 당신의 마음을 예수님께 드리십시오. 믿음의 주요 우리를 온전케 하시는 예수님만을 바라보십시오.

chapter 6

이제 이 책의 내용을 실제로 알아보기 위해 함께 기도하기 원합니다. 이 장은 좀 더 많은 분들과 함께하기 위해 제가 직접 기도하고 그것을 녹음하여 시디(CD)에 담은 내용의 기도문으로 이루어져 있습니다. 킹덤 멘탈리티(새로운 사고체계)로 우리의 믿음을 시험해봅시다.

저는 병상에서 기도 받기를 원하는 환자, 삶이 힘들고 몸과 마음에 상처가 있는 분, 직접 기도하기 어려운 분, 소리 내어 기도하기 힘들어하는 모든 분들과 함께 기도하기 원합니다. 또 치유기도하는 방법을 잘 모르는 분들도 이 치유기도 시디를 들으며 함께 믿음으로 기도하기 원합니다.

그러기 위해서 방해 받지 않을 만한 조용한 장소를 찾아 그곳에서 기도하십시오. 먼저 성령님의 임재를 구하십시오. 마음을 예수님께 드리고, 오직 치유자 예수님만 바라보십시오. 기도를 들으면서 '아멘'으로 화답하십시오. 그리고 치유를 받으십시오. 마음이 새롭게 될 때까지 여러 번 반복해서 들으시기를 권합니다.

치유기도를 듣고 기도하는 가운데, 놀라운 하나님의 임재와 마음의 상처가 치유되고 몸의 질병이 치유되는 것을 경험하셨다면, 그 간증을 HTM(www.heavenlytouch.kr) 홈페이지 간증 나눔 게시판에 올려주셔서 은혜를 함께 나눠주시기 바랍니다. 그것이 우리가 하나님께 영광을 올려드리는 일이 될 것입니다.

마음의 상처와 육신의 질병을 위한 치유기도

1. 치유기도를 시작하며
2. 성령님의 임재를 구하는 기도
3. 죄를 회개하는 기도
4. 마음과 생각을 바꾸는 기도
5. 예수 이름의 능력을 구하는 기도
6. 마음의 상처를 치유하는 기도
7. 육체의 질병을 치유하는 기도
8. 감사와 축복과 권면

1. 치유기도를 시작하며

할렐루야!

은혜와 평강이 당신과 함께하시기를 소망합니다.

HTM의 손기철 장로입니다.

지금부터 마음의 상처와 질병을 위한 치유기도를

당신과 함께하고자 합니다.

우리의 문제가 무엇이든지 간에

주께서 찾아오셔서 역사하실 것입니다.

이것은 기도하고 싶지만 어떻게 기도해야 할지 잘 모르시는 분,

병상에 누워 기도 받기를 간절히 원하시는 분들,

신체적 장애로 인해 본인이 직접 기도할 수 없는 분들,

또는 고통과 상처 가운데서 누군가의 도움을 바라시는 분들,

질병에 대해 꾸짖는 기도가 익숙치 않아서

기도하기 힘들어하시는 분들을 위해 만들어졌습니다.

함께 기도하는 가운데 특별한 은혜와 성령님의 강권적인 역사가

당신에게 임할 줄로 믿습니다.

치유뿐만 아니라 당신의 마음이 새롭게 될 때까지

계속 들으시기를 소망합니다.

하나님의 임재와 마음의 상처와 질병을 위한 이 기도는
단지 하나의 사례와 보기일 뿐 정형화된 것이 아니며
이 기도만이 가장 효과적인 것도 아닙니다.
당신이 처해 있는 형편에 따라 적절히 바꾸어 기도하셔도 됩니다.

당신이 기도할 때 언제 어디서라도
예수님은 당신을 알고, 당신을 기다리고 계십니다.
지금 당신이 어떤 고통과 문제를 가지고 있든지,
먼저 당신의 마음을 예수님께 드리십시오.
나의 생명 되신 예수님,
믿음의 주요 우리를 온전케 하시는 예수님만을 바라보십시오.

2. 성령님의 임재를 구하는 기도

주님!

찬양과 경배를 올려드립니다. 영광을 받으시옵소서.

성부, 성자, 성령님을 영화롭게 하는 이 시간 되게 하여주옵소서.

주님, 성령으로 아니하고는 누구든지

예수를 주님이라고 할 수 없다고 했습니다.[1]

나의 기도를 들으시는 성령님,

이 시간 간절한 마음으로 기도 받기 원하는 당신의 자녀에게

영광과 권능으로 임하여주옵소서.

내가 이 시간, 기도하는 이 자녀의 머리끝부터 발끝까지

예수의 피를 뿌리노라.

예수 그리스도의 이름으로 깨끗케 되었음을 선포하노라!

주님, 이 시간에 예수의 피를 힘입어 지성소로 나아갑니다.

당신은 온 우주에 편재하시지만,

이 시간, 기도하는 우리의 심령에도 임하시고 계시는 분이십니다.

---

1 **고전 12:3** 성령으로 아니하고는 누구든지 예수를 주시라 할 수 없느니라

함께 기도하는 당신의 자녀에게도 동일하게 임하여주옵소서.
자녀의 간절한 기도를 들으시고, 당신의 뜻을 이루시옵소서.

당신은 온 우주를 창조하시고 지금도 섭리하시고 운행하시며
나와 교통하시는 나의 아버지이심을 고백합니다.
주님께서 내 말을 믿으면 하나님의 영광을 보리라 말씀하셨습니다.[2]
내 안에 계셔서 나의 기도를 들으시는 성령님,
이 시간, 기도하는 자녀의 머리끝부터 발끝까지 사로잡아주옵소서.
권능으로 역사하여주옵소서.

예수님, 예수님, 예수님, 영광으로 임하시옵소서.
머리끝부터 발끝까지 주의 영광으로 사로잡아주옵소서.
수고하고 무거운 짐 진 자들아 다 내게로 오라,
내가 너희를 쉬게 하리라 하신 예수님![3]
내 전부를 주님께 의탁 드립니다.
복잡한 내 생각도, 수많은 내 감정도,

---

2 요 11:40 내 말이 네가 믿으면 하나님의 영광을 보리라 하지 아니하였느냐 하신대

3 마 11:28 수고하고 무거운 짐 진 자들아 다 내게로 오라 내가 너희를 쉬게 하리라

내 방식과 내 고집도 다 내려놓습니다.
오직 내 안에 계신 주님만을 의지합니다.

주님, 나와 함께하시니 감사합니다.
더 채워주옵소서.
목마른 나의 영혼에 한없는 주님의 사랑을 가득 채워주옵소서.
영원히 목마르지 않게 하여주옵소서.
나의 영혼육 모두 주님의 말씀으로 씻어주시옵소서.
주님 앞에 나아가는 이 시간이
이 세상에서 누리는 가장 아름다고 거룩한 시간이 되게 하옵소서.
주님, 당신께서 나에게 이르시는 말씀이 영이요
생명이라고 말씀하셨습니다.[4]
주님의 말씀을 들을 때
머리가 아니라 심령이 뜨거워지게 하여주옵소서.
주님의 말씀에 내 마음의 생각과 느낌과 의지를
일치시키기를 원합니다.

---

4 **요 6:63** 내가 너희에게 이른 말이 영이요 생명이라

주님의 말씀에 반응하게 하여주옵소서.

주님의 말씀대로 행하는 내가 되게 하여주옵소서.

예수님의 이름으로 기도드립니다.

아멘.

3. 죄를 회개하는 기도

주님!

우리가 죄로 타락하지 않았을 때는 질병도 죽음도 고통도 없었습니다.

우리가 사는 동안에 당하는 모든 질병과 고통은

직간접적인 죄로 인한 것임을 고백합니다.

그러나 주님, 주님께서 나의 모든 죄악을 사하시며

나의 모든 병을 고치신다고 말씀하셨습니다.[5]

들것에 실려온 중풍병자에게 하신 말씀처럼

주님은 내 영혼의 죄 사함뿐만 아니라

내 육신의 질병도 치유하시는 분이심을 고백합니다.[6]

주님만이 나의 생명이시며, 나의 치유자이심을 고백합니다.

주님은 이미 나를 위하여

나의 연약함을 친히 담당하시고 병을 짊어지셨습니다.[7]

---

5 시 103:3 저가 네 모든 죄악을 사하시며 네 모든 병을 고치시며

6 마 9:5 네 죄 사함을 받았느니라 하는 말과 일어나 걸어가라 하는 말이 어느 것이 쉽겠느냐

7 마 8:17 이는 선지자 이사야로 하신 말씀에 우리 연약한 것을 친히 담당하시고 병을 짊어지셨도다 함을 이루려 하심이더라

내가 의사와 약만을 신뢰하고 의존했으며,
진정한 치유자이신 주님에게
전적으로 의지하지 않았던 내 죄를 이 시간, 회개합니다.

주님, 그동안 내가 주님의 자녀인지 깨닫지 못하고,
단지 내 육신과 내 마음의 치유만을 위하여 주님께 떼쓰고,
실망하고, 원망하고, 포기하고, 좌절했던 내 마음을 회개합니다.
내가 구원을 받은 후에 내 몸은 내 안에 계신 성령의 전(殿)이며,
하나님께로부터 받은 것이며 내 것이 아님을 고백합니다.[8]
주님, 죄 사함을 받고 내 안에 주님께서 함께하심으로
저는 그리스도 안에 있는 새로운 피조물이 되었습니다.[9]
이제는 내 몸이 아니라 그리스도의 몸인 것을 고백합니다.
나를 위하여 사는 삶이 아니라 내 안에 계신
주님을 위한 삶임을 고백합니다.

---

8 **고전 6:19** 너희 몸은 너희가 하나님께로부터 받은 바 너희 가운데 계신 성령의 전인 줄을 알지 못하느냐 너희는 너희의 것이 아니라

9 **고후 5:17** 그런즉 누구든지 그리스도 안에 있으면 새로운 피조물이라 이전 것은 지나갔으니 보라 새것이 되었도다

나의 형통과 축복, 더 나은 삶을 소망하는 것이 아니라
주의 뜻을 이 땅에 이루기 위해 사는 삶임을 고백합니다.[10]
주님, 주님 안에서 제가 강건해지고 온전해지는 것이
주님의 뜻임을 진정으로 믿습니다.
이제 내가 주님을 더 잘 섬기기 위해서
건강을 소망하는 것이 아니오라
내 안에 계신 주님께서
나를 더 강력하게 쓰시도록 하기 위해 강건하기를 원합니다.
이제는 나를 위한 기도가 아니라
주의 뜻을 이루는 기도를 하겠습니다.

주님, 평상시 주님의 뜻대로
내 영혼육을 지키기 못한 것을 회개합니다.
무릇 지킬 만한 것보다 더욱 내 마음을 지키라고 하셨습니다.
모든 건강과 생명의 근원이 내 마음에 있다고 말씀하셨습니다.[11]

---

10 **딛** 2:14 그가 우리를 대신하여 자신을 주심은 모든 불법에서 우리를 구속하시고 우리를 깨끗하게 하사 선한 일에 열심하는 친 백성이 되게 하려 하심이니라

11 **잠** 4:23 무릇 지킬 만한 것보다 더욱 네 마음을 지키라 생명의 근원이 이에서 남이니라

주의 영광 안에서 주의 말씀으로 주의 뜻을 이 땅에 이루기보다는
내 눈앞에 보이는 현상과 일어나는 사실에 묶여
일희일비했던 내 마음을 회개합니다.
내가 내 스스로를 통제하고
다른 사람과 환경이 내 마음을 즐겁게 할 때만
감사하고 기뻐했던 내 삶을 회개합니다.
사람이 무엇을 심든지 그 심은 대로 거둔다고 말씀하셨습니다.[12]
내 마음에 하나님나라의 것들로 심지 않고 세상의 정욕, 안목의 정욕,
이생의 자랑으로 가득 채운 것을 진심으로 회개합니다.[13]
내 육신을 위하여 매일 규칙적으로 음식을 먹듯이
내 영혼을 위하여 내 마음에 매일 규칙적으로
생명의 말씀을 심겠습니다.
내 마음이 동할 때만 기뻐하고
항상 기뻐하지 않은 내 마음을 회개합니다.[14]
잘되고 못되고 상관없이 범사에 감사하지 않은 내 마음을 회개합니다.

---

12 **갈 6:7** 스스로 속이지 말라 하나님은 만홀히 여김을 받지 아니하시나니 사람이 무엇으로 심든지 그대로 거두리라

13 **요일 2:16** 이는 세상에 있는 모든 것이 육신의 정욕과 안목의 정욕과 이생의 자랑이니 다 아버지께로 좇아온 것이 아니요 세상으로 좇아온 것이라

내 생각과 내 뜻대로 일방적으로 기도하고
무시로 성령 안에서 기도하지 않는 것을 회개합니다.[15]

주님, 내가 악한 마음을 품었던 것을 회개합니다.
특별히, 내 가족들과 내 주위 사람들에 대해
부정적인 생각을 하고, 용서하지 않은 것을 회개합니다.
주님이 나를 용서하시고 사랑하신 것은 이 세상의 어떤 죄라도
다 덮고도 남을 만큼 큰 것임을 알지 못했습니다.
내 마음속에 다른 사람을, 또 내 자신을
용서하지 못한 것을 진심으로 회개합니다.
주님이 나를 용서하신 것처럼 나도 '나'와 '그들'을 용서합니다.[16]
내 마음을 자유케 하여주옵소서.

예수님의 이름으로 기도드립니다. 아멘.

---

14 **살전 5:15-18** 삼가 누가 누구에게든지 악으로 악을 갚지 말게 하고 오직 피차 대하든지 모든 사람을 대하든지 항상 선을 좇으라 항상 기뻐하라 쉬지 말고 기도하라 범사에 감사하라 이는 그리스도 예수 안에서 너희를 향하신 하나님의 뜻이니라

15 **엡 6:18** 모든 기도와 간구로 하되 무시로 성령 안에서 기도하고 이를 위하여 깨어 구하기를 항상 힘쓰며

16 **엡 4:32** 서로 인자하게 하며 불쌍히 여기며 서로 용서하기를 하나님이 그리스도 안에서 너희를 용서하심과 같이 하라

4. 마음과 생각을 바꾸는 기도

주님!

내 마음이 예수님에게 뿌리박지 않고,

고통과 질병, 문제에 내 마음의 뿌리를 내렸던 것을 회개합니다.[17]

그로 말미암아 염려, 걱정, 근심, 두려움, 공포, 불안 등을

내 마음에 가득 채웠던 것을 회개합니다.

나의 모든 부정적인 생각과 감정은

내 안에 주님께서 만들어놓으신

변형된 유전자를 수선하는 DNA복구유전자와

체내에 침입한 균과 독소, 비정상적인 세포들을 파괴하는

면역방어체계들을 정상적으로

작동시키지 못하게 하는 것임을 알고 있습니다.

주의 말씀이 생명이며, 그 말씀을 붙드는 자,

온 육체가 강건해진다고 말씀하셨습니다.[18]

---

17 **골** 2:7 그 안에 뿌리를 박으며 세움을 입어 교훈을 받은 대로 믿음에 굳게 서서 감사함을 넘치게 하라

18 **잠** 4:22 그것은 얻는 자에게 생명이 되며 그 온 육체의 건강이 됨이니라

네 보물이 있는 곳에 네 마음도 있다고 하셨습니다.[19]
내 마음에 쓰레기를 가득 담고는 주의 뜻을 이룰 수 없음을 고백합니다.
주님, 이 시간, 내 마음의 뿌리를 주님께 두고
주님의 생명인 사랑을 지금 내 영혼육에 흘려보냅니다.

주님이 주시는 것은 두려워하는 마음이 아니요
오직 능력과 사랑과 근신하는 마음이라고 말씀하셨습니다.[20]
내 마음에 들어온 모든 염려, 걱정, 근심, 두려움, 공포,
부정적인 생각은 단지 내가 스스로 인식하고 느끼는 것일 뿐,
주님이 주시는 것이 아님을 알고 있습니다.
저는 주의 영광 가운데 주의 말씀대로 생각하고
보고 느끼는 존재입니다.
하나님 아버지께서는 이미 예수 그리스도를 통하여
저에게 필요한 모든 것을 주셨습니다.
지금 저에게 필요한 것은 내 안에 계신 주님으로 인한 믿음과

---

19 **마 6:21** 네 보물 있는 그 곳에는 네 마음도 있느니라

20 **딤후 1:7** 하나님이 우리에게 주신 것은 두려워하는 마음이 아니요 오직 능력과 사랑과 근신하는 마음이니

모든 피조 세계를 지으시고 새롭게 하시는
주님의 살아 있는 말씀입니다.
믿음은 아직 얻지 못하였지만 소망하는 것의 실상이요,
내 눈에 보이지 않는 것들의 증거라고 하셨습니다.[21]
이제 주님 안에서 주님의 뜻을 이루기 위하여
저에게 주시고자 하는 믿음으로 모든 것을 받겠습니다.
내 육신과 마음이 온전케 되어
주의 자녀로서 주의 일에 열심하는 내 모습을 마음으로 그려봅니다.

주님께서 내 안에 계시고 주님의 말씀이 나를 사로잡으면[22]
내 생각에 불가능하다고 여겨지는 것이라도
믿음으로 선포하고 그 말이 이루어질 줄로 믿고
마음에 의심하지 않으면 그대로 된다고 하셨습니다.[23]

---

21 **히 11:1** 믿음은 바라는 것들의 실상이요 보지 못하는 것들의 증거니

22 **요 15:7** 너희가 내 안에 거하고 내 말이 너희 안에 거하면 무엇이든지 원하는 대로 구하라 그리하면 이루리라

23 **막 11:23** 내가 진실로 너희에게 이르노니 누구든지 이 산더러 들리어 바다에 던지우라 하며 그 말하는 것이 이룰 줄 믿고 마음에 의심치 아니하면 그대로 되리라

하나님께서는 당신의 뜻을 그 마음에 그리시고
입으로 선포하심으로 천지만물을 창조하셨습니다.
예수님도 성령세례를 받으신 후에 아버지께서 보여주시는 것을
그 마음에 그리시고 입으로 선포하심으로써
병든 자를 치유하시고, 죽은 자를 살리시며, 귀신을 쫓아내시고,
오병이어의 기적을 행하셨습니다.

사도들이 그 본을 따른 것처럼
저도 이 시간에 내 안에 계신 성령님에 의지하여 주의 말씀을
마음으로 믿어 의에 이르고
입으로 선포하여 주의 뜻을 이루게 하여주옵소서.[24]

예수님의 이름으로 기도드립니다.
아멘.

---

24 롬 10:10 사람이 마음으로 믿어 의에 이르고 입으로 시인하여 구원에 이르느니라

5. 예수 이름의 능력을 구하는 기도

이 시간 예수 그리스도만이 나의 구세주시요
치유자이심을 고백합니다.
하나님 아버지께서는 예수님을 십자가에 못 박으심으로써
그 죽음과 피 값으로 우리의 죄를 용서하시고
우리를 하나님의 자녀 삼아주셨습니다.
예수님께서 친히 저주를 받으심으로
우리를 모든 율법의 저주에서 자유케 하셨습니다.[25]

그리고 하나님 아버지께서는 예수 그리스도의 이름을
모든 정사와 권세와 능력과 주관하는 자와 이 세상뿐 아니라
오는 세상에 일컫는 모든 이름보다 뛰어나게 하셨습니다.[26]
그리고 하늘에 있는 자들과 땅에 있는 자들과 땅 아래 있는 자들로
모든 무릎을 예수의 이름에 꿇게 하셨습니다.[27]

---

25 **갈 3:13** 그리스도께서 우리를 위하여 저주를 받은 바 되사 율법의 저주에서 우리를 속량하셨으니 기록된 바 나무에 달린 자마다 저주 아래 있는 자라 하였음이라

26 **엡 1:21** 모든 정사와 권세와 능력과 주관하는 자와 이 세상뿐 아니라 오는 세상에 일컫는 모든 이름 위에 뛰어나게 하시고

27 **빌 2:10** 하늘에 있는 자들과 땅에 있는 자들과 땅 아래 있는 자들로 모든 무릎을 예수의 이름에 꿇게 하시고

믿는 우리에게 예수 그리스도의 이름으로
무엇이든지 구하라고 말씀하셨습니다.[28]

지금까지 기도할 때 예수 그리스도의 이름을 주문 외우듯이
아무 의미 없이 말했던 것을 진심으로 회개합니다.
예수님과 생명적인 관계없이
예수의 이름만을 불렀던 것을 회개합니다.
예수님의 이름을 부를 때 하나님의 영광이 실재적으로 임하십니다.
예수님의 이름을 부를 때
주께서 지금 살아 계셔서 나에게 역사하십니다.
예수님의 이름이 천국 열쇠이며,
예수님의 이름으로 무엇이든지 구할 수 있습니다.
예수 그리스도의 이름, 예수 그리스도의 이름을 송축합니다.
예수 그리스도의 이름만이 모든 문제를 해결할 수 있습니다.

이제야 깨달았습니다.

---

28 요 16:24 지금까지는 너희가 내 이름으로 아무것도 구하지 아니하였으나 구하라 그리하면 받으리니 너희 기쁨이 충만하리라

주님의 이름을 부를 때,

주님의 영광이 나에게 함께함을 깨달았습니다.

주님, 감사합니다.

예수님의 이름으로 기도드렸습니다.

아멘.

6. 마음의 상처를 치유하는 기도

예수님께서 친히 십자가를 지시고 우리 죄를 담당하셨기 때문에
우리로 하여금 죄에 대해 죽고 의에 대하여 살게 하셨습니다.[29]
그리스도의 영이 당신 안에 계시고, 당신이 그 영에 순종함으로써
당신이 거룩한 하나님나라가 되었습니다.
당신이 주의 나라와 의(義)를 구하면
하나님께서 그 모든 것을 채우신다고 약속하셨습니다.[30]

구원이 당신의 행위나 의(義)에 있지 않고
하나님의 전폭적인 은혜인 것처럼,
지금 당신의 치유도 지나온 당신의 행위나 헌신에 있지 아니하고,
예수님이 십자가로 이미 지불하신 그 피 값과
채찍에 맞으심을 인하여 은혜로 얻는 것입니다.
당신에게 필요한 것은 오직 예수 그리스도에 대한 믿음입니다.
이 시간, 믿음의 주요 나를 온전케 하시는 예수님만을 바라보십시오.[31]

---

29 **벧전 2:24** 친히 나무에 달려 그 몸으로 우리 죄를 담당하셨으니 이는 우리로 죄에 대하여 죽고 의에 대하여 살게 하려 하심이라 저가 채찍에 맞음으로 너희는 나음을 얻었나니

30 **마 6:33** 너희는 먼저 그의 나라와 그의 의를 구하라 그리하면 이 모든 것을 너희에게 더하시리라

제가 기도할 때 '아멘'으로 받아들여
그 말씀대로 당신의 마음과 당신의 의지와
당신의 육신이 반응하게 하십시오.

이 시간, 당신을 위해서 기도하겠습니다.
눈을 감으시고 당신의 환부에 손을 얹으십시오.

예수님, 이 시간, 기도하는 당신의 자녀의 머리끝부터 발끝까지,
당신의 영광으로 채워주옵소서. 임하여주옵소서.
특별히, 환부에 치유의 빛으로 사로잡아주옵소서.
치유의 빛으로 치유의 빛으로 사로잡아주옵소서.
예수님의 이름으로 간절히 간구합니다.

예수님, 이 시간, 이 자녀를 붙들고 있는 모든 상처와 쓴뿌리들이
주님 앞에 온전히 드러나게 하여주옵소서.
이 자녀의 부모가 행한 학대와 지나친 기대들,

---

31 **히 12:2** 믿음의 주요 또 온전케 하시는 이인 예수를 바라보자

사랑받지 못하고 용납받지 못한 과거의 그 모든 상처들,
다른 사람이 나를 어떻게 평가할까에 대한 두려움과 불안들,
다른 사람을 대할 때마다 이 자녀가 느끼는 생각과 감정들,
이 자녀가 스스로 느꼈던 죄책감, 수치심, 열등감, 거절감, 분노들,
알 수 없이 그 내면에서 올라오는 부정적인 생각과 상실감,
주님, 기억나게 하여주옵소서.

주님, 이 자녀의 손을 잡아주시고
이 시간, 그 사건, 그 나이로 돌아가게 하여주옵소서.
주님, 이 자녀의 영혼육에 있는 모든 상처와 쓴뿌리와 독들,
이 시간, 느끼게 하고 보게 하여주옵소서. 토해내게 하옵소서.
얼마나 외롭고 고통스러웠는지,
얼마나 우울하고 속상했는지, 분노했는지,
주님, 생각나게 하시고 기억나게 해주옵소서.
이 자녀 앞에 있는 예수님에게 그 마음의 상처를 토해내게 해주옵소서.
주님, 역사하시옵소서.
주님, 이 자녀의 원통함과 억울함과 분노와 거절감,
주님, 받아주시옵소서.

주님, 이 자녀가 더 이상 그 상처와 쓴뿌리에 묶여 있는 것이 아니라
예수 그리스도를 구주로 영접함으로 이 자녀가 하나님으로부터 난 자,
예수 그리스도 안에서 새로운 피조물이 된 것을 알게 하옵소서.[32]
이 자녀에게 수치심과 거절감과 상실감을 주고
정신적으로 정서적으로 육체적으로 학대한 모든 사람들을
예수 그리스도의 이름으로 용서하게 하여주옵소서.

주님, 당신이 나에게 베풀어주신 것이
일만 달란트의 빚을 탕감해주신 것입니다.
이제 나에게 상처와 쓴뿌리로
내 인생을 고통과 외로움과 분노 가운데 있게 한 그들,
그들이 내게 진 빚은 고작 백 데나리온이므로
주의 말씀에 의지하여 내가 그들을 용서합니다.
이제 더 이상 이 자녀의 자녀됨은
부모나 다른 사람에 의해 결정되는 것이 아니라
오직 예수 그리스도에게 있음을 알게 하여주옵소서.

---

32 **고후 5:17** 그런즉 누구든지 그리스도 안에 있으면 새로운 피조물이라 이전 것은 지나갔으니 보라 새것이 되었도다

내가 이 시간, 나사렛 예수 그리스도의 이름으로
이 자녀가 그들을 용서하였으므로
그들로부터 자유케 되었음을 예수 이름으로 선포하노라!
오직 그리스도만이 이 자녀의 생명이며
이 자녀의 구세주이시며 주님이심을 선포하노라!
이 자녀는 하나님으로부터 난 자이며
예수 그리스도 안에 새로운 피조물이 되었음을
예수 그리스도 이름으로 선포하노라!
예수 그리스도의 피로 말미암아
이 자녀의 영혼육이 깨끗케 되었음을 선포하노라!

이 시간, 예수 그리스도의 이름으로 명하노니
이 자녀를 속이고 그 마음을 붙들고 있는 염려, 걱정, 근심, 두려움, *
공포, 불안, 슬픔과 우울, 불면증, 짓눌림, 가위눌림, 환청, 환시,
예수 그리스도의 이름으로 명하노니 이 자녀로부터 떠나갈지어다.
이 자녀의 믿음을 묶고 있는 모든 거짓, 불신,
예수 그리스도의 이름으로 명하노니 떠나갈지어다.
이 자녀의 생각을 묶고 있는 미혹의 영, 혼미의 영,
예수 그리스도의 이름으로 명하노니 떠나갈지어다.

예수 그리스도의 이름으로 명하노니
이 자녀를 붙들고 있는 억울함, 비통, 용서하지 못함,
쓴뿌리 판단, 교만, 또한 그것들을 붙들고 있는 더러운 영들,
예수 그리스도의 이름으로 명하노니
이 자녀로부터 떠나갈지어다.
예수 그리스도의 이름으로
너희를 묶고 쫓아내노니 이 자녀로부터 떠나갈지어다.

이 더럽고 악한 중독들아,
음란, 포르노, 관음증, 알코올중독, 마약, 도박, 도벽, 완벽주의,
이 시간, 예수 그리스도의 이름으로 명하노니
이 더러운 중독의 영들아, 떠나갈지어다.
이 자녀에게 모든 집착이 파쇄되었음을 예수 이름으로 선포하노라!
이제 이 자녀의 깊은 곳에 있는
모든 갈망의 근원인 예수 그리스도를 구주로 맞이하였음으로
그 생명이 뱃속 깊은 곳에서 흘러넘쳐

---

* 이후 기도문에 나오는 구체적인 병명은 손기철 장로의 육성으로 녹음된 〈치유기도〉에서 언급한 여러 가지 병명입니다. 따라서 치유를 위해 기도할 때, 자신에게 또는 자신이 기도해주는 사람에게 해당하는 구체적인 마음의 상태나 병명을 넣어 선포하시기 바랍니다. - 편집자 주

이 자녀에게 아무런 권세도 미치지 못할 것을
예수 이름으로 선포하노라!
이 자녀와 너희 사이에 십자가의 빈 무덤을 놓노니
너희가 아무런 영향력도 미치지 못할 것임을
예수 그리스도의 이름으로 선포하노라!
나사렛 예수 그리스도의 이름으로 선포하노니
이 자녀가 너희로부터 자유케 되었음을 선포하노라!

7. 육체의 질병을 치유하는 기도

주님!

이 자녀의 영혼이 주님의 통제를 받듯이,

이 자녀의 육신도 하나님 말씀의 통제를 받기를 소원합니다.

이 자녀의 마음의 모든 죄들이

예수 그리스도로 인하여 죄 사함을 받듯이,

이 자녀의 육신이 하나님의 법을 따르지 않은 모든 죄와 죄악도

예수 그리스도로 인하여 죄 사함 받기를 소망합니다.

주님, 지금까지 이 자녀의 영혼이 주님 안에서 순종한 것처럼,

이 자녀의 육신이 주님의 말씀에 순종치 않고

따르지 않았던 것을 회개하게 하여주옵소서.

각종 육신의 질병이 생길 때까지

그 육신을 그대로 방치한 것을 회개하게 하여주옵소서.

잘못된 생활 습관을 고치지 않고,

스트레스를 하나님의 방식으로 해결하지 않고,

좋지 않는 환경에서 벗어나지 않고,

나쁜 관계를 개선하려고 노력하지 않았던 것을

회개하게 하여주옵소서.

이 시간, 예수 그리스도의 피로

이 자녀의 영혼이 죄 사함을 받은 것처럼,
이 자녀의 육신의 모든 죄도 죄 사함을 받았음을
예수 그리스도의 이름으로 선포하노라!

예수 그리스도의 이름으로 명하노니
이 자녀의 세포, 조직, 뼈, 혈, 신경,
호르몬, 림프, 면역체계, 힘줄, 근육, 인대, 온전케 될지어다.
예수 그리스도의 이름으로 명하노니
머리끝부터 발끝까지 온전케 될지어다.
내가 이 시간, 나사렛 예수 그리스도의 이름으로 명하노니
척추의 모든 질병들, 사라질지어다.
예수 그리스도의 이름으로 명하노니
모든 체세포와 신경세포,
특별히 이 시간, 척수의 신경세포들, 온전케 될지어다.
모든 신경전달 물질, 호르몬들, 균형 잡힐지어다.
척수의 모든 중추신경과 체신경, 온전케 될지어다.
척수의 경추, 흉추, 요추, 천추골과 미추골,
모든 뼈에 붙어 있는 근육, 힘줄, 인대, 풀어질지어다.
나사렛 예수 그리스도의 이름으로 명하노니

경추 1, 2, 3, 4, 5, 6, 7,

흉추 1, 2, 3, 4, 5, 6, 7, 8, 9, 10, 11, 12,

요추 1, 2, 3, 4, 5,

예수 이름으로 명하노니 움직일지어다.

붙어 있는 힘줄, 근육, 인대, 풀어질지어다.

경추, 요추, 흉추 뼈들, 움직여 제자리로 돌아갈지어다.

예수 이름으로, 예수 이름으로, 예수 이름으로,

힘줄, 인대, 근육, 풀어질지어다.

나사렛 예수 그리스도의 이름으로 명하노니

모든 디스크들, 원위치로 돌아갈지어다.

손상된 디스크들, 온전케 될지어다.

나사렛 예수 그리스도의 이름으로 명하노니

눌려 있는 모든 신경들, 원위치로 돌아갈지어다.

예수 그리스도의 이름으로 명하노니

모든 통증들 사라질지어다.

힘줄, 근육, 인대, 온전케 될지어다. 좌우로 균형 잡힐지어다.

모든 뼈들, 균형 잡힐지어다.

모든 통증들, 떠나갈지어다.

좌우 골반, 원위치로 돌아갈지어다.

모든 생리통, 사라질지어다.

모든 좌골신경통, 떠나갈지어다.

예수 그리스도의 이름으로

척추와 모든 신경들, 온전케 되었음을 선포하노라.

신경에 연결된 모든 장기들, 모든 자율신경들,

예수 이름으로 명하노니 온전케 작동할지어다.

나사렛 예수 그리스도의 이름으로 명하노니

뇌암, 자궁암, 유방암, 췌장암, 폐암, 위암, 간암, 대장암, 근육암,

피부암, 갑상선암, 백혈병, 이 더러운 각종 종양과 암들아,

하나님의 말씀에 통제받지 않고, 스스로 증식하는

이 모든 더럽고 악한 세포와 조직들,

예수 그리스도의 이름으로 명하노니 증식을 멈출지어다.

내가 예수 그리스도의 이름으로 명하노니

스스로 증식하는 모든 세포들, 지리멸렬할지어다.

서로 파괴시킬지어다.

내가 예수 그리스도의 이름으로 명하노니

암종으로 가는 모든 혈관들, 예수 이름으로 파쇄하노라.

예수 이름으로 차단하노라.

모든 양분은 정상적인 세포로 갈지어다.

예수 그리스도의 이름으로 명하노니

암종으로 들어가는 모든 혈관들, 차단하노라.

예수 그리스도의 이름으로 명하노니

암종 주위에 있는 건강한 세포와 조직들은

연합하여 선(善)을 이룰지어다. 일어날지어다.

예수 그리스도의 이름으로 명하노니

모든 악한 세포를 파괴할지어다.

나사렛 예수 그리스도의 이름으로 명하노니

더러운 암종들, 말라비틀어질지어다.

사라질지어다.

예수 그리스도의 이름으로 명하노니

더러운 암종을 붙들고 있는 악한 영들아,

예수 그리스도의 이름으로 명하노니

묶임을 받고 떠나갈지어다.

하나님의 자녀를 묶고 있고,

하나님의 자녀를 도둑질하고 죽이고 멸망시키려는 더러운 암종,

예수 그리스도의 이름으로 명하노니 사라질지어다.

더러운 영들, 예수 이름으로 명하노니 떠나갈지어다.
내가 이 시간, 예수 그리스도의 이름으로
각종 암종에 예수의 보혈을 뿌리노라.
모든 암 조직은 녹아질지어다. 깨끗케 될지어다.

나사렛 예수 그리스도의 이름으로 명하노니
모든 DNA복구유전자, 회복될지어다.
정상적으로 작동될지어다.
면역방어체계, 온전케 될지어다.
모든 호르몬들, 균형 잡을지어다.

예수 그리스도의 이름으로 명하노니
각종 심장병, 혈관질환, 뇌졸중, 고혈압, 고지혈증, 부정맥,
사라질지어다.
머리끝부터 발끝까지 모든 혈관들, 온전케 될지어다.
막혀 있는 혈관들, 뚫어질지어다.
혈액 내의 모든 백혈구, 적혈구, 혈소판,
온전케 될지어다. 균형 잡힐지어다.
모든 심장의 기능, 온전케 될지어다.

예수 그리스도의 이름으로 명하노니
갑상선 질병, 관절염, 알러지, 아토피, 천식, 사라질지어다.
예수 그리스도의 이름으로 명하노니
더러운 질병을 묶고 있는 스트레스와 모든 저주들,
예수의 이름으로 명하노니 떠나갈지어다.

예수 그리스도의 이름으로 명하노니
백내장, 녹내장, 시력장애, 이명, 신부전, 전립선, 당뇨, 치질,
갱년기 장애, 생리통,
예수 그리스도의 이름으로 명하노니
깨끗케 될지어다.
시력이 회복될지어다. 들릴지어다.
예수 그리스도의 이름으로 명하노니
췌장의 기능, 온전케 될지어다.

주님, 이 시간에 기도 받는 자녀에게,
주의 빛으로, 주의 빛으로, 임하시옵소서.
우리 주 예수 그리스께서 채찍에 맞으심으로
이 자녀가 치유되었음을 알게 하여주옵소서.

믿음으로 취하게 하여주옵소서.

아무 염려하지 말라. 오직 믿기만 하라.

주님, 당신의 피 값으로,

당신이 채찍에 맞으심으로,

찢기신 살점으로 인하여

이 자녀가 치유되었음을 선포하노라!

예수 그리스도의 이름으로 깨끗케 되었음을 선포하노라!

주님, 이 시간에 치유의 빛으로 임하시옵소서.

주님, 기도 받는 이 자녀가 감사함으로 믿음으로

주의 말씀을 취하게 하여주옵소서.

자신의 환부의 느낌이 아니라 하나님의 영광 가운데

선포되는 살아 계신 말씀을 붙들게 하여주옵소서.

주님이 흘리신 피 값과

채찍에 맞으심으로 인하여

찢기신 살점으로 말미암아

이 자녀가 치유되었음을 믿음으로 취하게 하여주옵소서.

예수 그리스도의 이름으로 깨끗케 되었음을 선포하노라!

믿음대로 될지어다! 믿음대로 될지어다!

믿음은 바라는 것들의 실상이요

보지 못하는 것들의 증거라고 말씀하셨습니다.

무엇이든지 기도하고 구하는 것은 받은 줄로 믿으라,

그리하면 그대로 되리라![33]

주님, 주의 말씀을 붙들게 하여주옵소서.

예수 그리스도의 이름으로 깨끗케 되었음을 선포하노라!

믿음대로 될지어다!

예수님의 이름으로 기도드렸습니다.

아멘.

---

33 막 11:24 무엇이든지 기도하고 구하는 것은 받은 줄로 믿으라 그리하면 너희에게 그대로 되리라

8. 감사와 축복과 권면

저와 함께 기도한 당신을 축복합니다.
우리는 하나님이 주신 약과 의사의 도움도 받을 뿐만 아니라
우리가 함께 기도한 것처럼 하나님의 말씀에 따라
하나님이 주신 믿음으로 기도해야 합니다.
치유자는 예수 그리스도이십니다.
따라서 우리는 말씀에 따라 하나님이 주신 믿음으로 기도해야 합니다.
그렇다고 해서 병원에 가는 것이 믿음 없는 행동은 아닙니다.
그러나 하나님의 말씀에 따르지 않고,
예수 그리스도의 이름으로 기도하지 않고,
단지 병원에만 가면 다 된다는 생각은 고치셔야 됩니다.
하나님은 약과 의사뿐만 아니라 믿음에 따른 치유기도,
모두를 사용하십니다.

당신은 기억하셔야 합니다.
당신이 정말로 의지해야 될 것은
오직 우리의 생명 되신 예수 그리스도이십니다.
그분이 나의 생명이시기 때문에 그렇습니다.
그분만이 나의 치유자이시기 때문입니다.
예수 그리스도만이 나의 생명이고, 나의 치유자라는 것을 믿는다면

주님께 기도하며 그분께 의지하고, 병원에 가서 주사도 맞으십시오.
수술도 하십시오. 투약도 하십시오.
치유가 놀랍게 빨리 일어날 것입니다.

잊지 마십시오.
치유는 하나님의 절대적인 주권 안에 있습니다.
당신의 치유됨과 상관없이 그리 아니하실지라도
예수님은 당신의 구세주이시고 매일매일 당신의 삶의 주님이십니다.

당신의 영혼이 잘 되어야 당신의 육신도 건강해집니다.
정말 중요한 것은 질병이 있을 때 기도하는 것보다
질병이 없이 강건하게 사는 것입니다.
육신을 위해 음식을 먹을 때 물이 필요한 것처럼
당신의 영혼을 강건하게 하기 위해서는
매일 규칙적으로 성령 안에서 생명의 말씀을 먹어야 합니다.
주의 말씀과 더불어 사는 당신이 되기를 축복합니다.
믿은 대로 될지어다.

예수님의 이름으로 기도드렸사옵나이다. 아멘.

Epilogue 에필로그

놀라운 치유와

회복의 역사를 소망하며

2009년 12월 8일 아침, 한 스튜디오에서 이 책의 6장 내용인 '치유 기도'를 녹음했습니다. 월요말씀치유집회를 마친 다음날에는 대개 누적된 피로 때문에 오전에 쉬어야 하는데도, 그날만큼은 스케줄상 그렇게 할 수가 없었습니다.

매우 피곤했고 목도 쉬어서 제대로 할 수 있을지 염려스러웠지만, 스튜디오에 도착하여 HTM 스태프와 여러 동역자들과 함께 기도로 준비했습니다. 이것이 단순한 녹음 작업이 아니라 하나님의 기름부음이 함께하기를, 기도할 수 없는 분들과 함께 기도하여 그 마음이 새롭게 되고, 몸과 마음이 온전케 변화되기를, 하나님의 사랑과 생명이 흘러가는 통로로 쓰임 받기를 간구했습니다.

본격적으로 녹음이 시작되었고, 하나님께서 내 마음에 사랑과 긍휼을 부어주시고 성령님께서 친히 임재하시어 함께 도우신다는 것을 알았을 때 얼마나 감사했는지 모릅니다.

치유를 통해 하나님의 백성으로 새로워지기를

그동안 집회 동영상을 통해, 핸드폰 기도를 통해, 책을 통해, 수많은 사람들이 시간과 공간을 초월하여 치유집회 현장과 동일하게 놀라운 치유와 회복이 일어나는 하나님의 역사에 대해 간증해주었습니다. 얼마나 놀라우신 주님이십니까!

그렇지만 이번처럼 병상에서 기도 받기를 원하는 환자, 삶이 고달프고 마음에 상처가 있는 분, 소리내어 기도하기 어려운 처지에 있는 모든 분들과 함께 기도할 수 있도록 별도로 기도를 녹음한 것은 처음 있는 일이고, 그 기도를 시디(CD)에 담아 독자들에게 제공하게 된다니 나는 무척 기쁘면서도 긴장되었습니다. 더욱이 이 책의 내용을 결정적으로 뒷받침하는 기도이기에, 하나님께서 이 기도를 어떻게 사용하실지 무척 궁금해졌습니다.

그때 규장의 여진구 대표가 책의 출간에 앞서서 믿음으로 이 기도를 해보자고 제안했습니다. 먼저 규장과 갓피플닷컴의 아침예배 시간에 기도해보겠다는 것입니다. 성령님의 임재 가운데 녹음된 기도를 들으며 다함께 기도하는데 아무 역사도 일어나지 않는다면 출판도 유보한다는 믿음으로 말입니다. 얼마나 가슴 떨리고 설레었는지 모릅니다.

12월 10일, 아침예배를 마친 여 대표로부터 연락이 왔습니다. 그는 격앙된 목소리로, 이 기도를 함께한 여러 직원들이 몸과 마음이 치유되었다는 간증을 전해왔다고 말했습니다. 할렐루야!

나는 믿음의 눈으로, 부엌에서, 차 안에서, 병원 침상에서, 조용한 골방에서, 온 가족이 모여서 드리는 가정예배에서, 신우회 모임에서, 잠자리에 들기 전 머리맡에서 이 기도를 함께 드리면서 눈물 흘리는 주의 백성들을 바라봅니다. 주께서 그 백성들을 일으켜 세워주시기를, 단순한 치유가 아니라 이 치유를 통해 하나님의 백성으로 새롭게 변화되는 삶을 살게 해주시기를 간절히 기도합니다.

우리가 받은 은혜와 변화

우리가 당하는 환난과 고난은 결코 하나님께서 우리에게 주시는 저주나 형벌이 아닙니다. 우리에게 주시는 기회입니다. 지금과 같이 경제적으로 사회적으로 모두 어렵다고 할 때, 우리 자신이 서 있는 자리가 반석 위인지 모래 위인지 다시 한번 돌아볼 수 있는 기회입니다. 우리에게 다른 복음이 아니라 영원한 복음이 있는지, 그 복음을 누리는지 아니면 단지 듣기만 했는지 알 수 있는 기회입니다.

그러나 책망을 받는 모든 것이 빛으로 나타나나니 나타나지는 것마다 빛이니라 그러므로 이르시기를 잠자는 자여 깨어서 죽은 자들 가운데서 일어나라 그리스도께서 네게 비취시리라 하셨느니라 엡 5:13,14

교회 다니면서 나름대로 열심히 신앙생활을 한다고 하지만 진정한 구원의 기쁨을 얻지 못한 사람들을 보시며 안타까워하시고 그들을 구원해내고자 하시는 하나님의 마음을 깨달으십시오. 영원히 흔들리지 않는 반석이 무엇인지 보라고 말씀하시고 기회를 주시는 하나님의 마음을 잊지 마십시오. 하나님은 소멸하시는 불이시며 본질이 아닌 것을 모두 태우십니다. 지금은 우리가 돌아설 때이고, 진정한 은혜를 맛볼 때입니다.

그러므로 우리가 진동치 못할 나라를 받았은즉 은혜를 받자 이로 말미암아 경건함과 두려움으로 하나님을 기쁘시게 섬길지니 우리 하나님은 소멸하는 불이심이니라 히 12:28,29

손기철 장로가 인도하는 집회 안내

월요말씀치유집회

장소 | **선한목자교회 본당**(지하철 8호선 복정역 2번 출구)
일시 | **매주 월요일 저녁 7시**
말씀 · 치유 | **손기철 장로**(HTM 대표, 건국대 교수)

*장소와 시간은 추후 변경될 수 있으니 꼭 홈페이지에서 확인하세요.
(1년중 1월과 8월은 해외 집회 관계로 집회가 없습니다)

HTM은 'Heavenly Touch Ministry'의 약어로 '하나님나라의 도래'와 '천국으로의 침노'를 지칭합니다. 우리는 회개함으로 구원을 받고, 우리 안에 계신 그리스도의 영으로 말미암아 하나님의 나라와 그 백성의 삶, 즉 하나님의 아름다운 덕을 나타내는 삶을 살아야 합니다. 우리는 이 땅에 도래한 하나님나라에서 그분의 뜻을 이루어가는 삶을 살아야 합니다. HTM은 말씀과 치유로 그 하나님나라를 경험할 수 있는 집회와 하나님나라를 세워갈 킹덤빌더들을 세우는 각종 훈련프로그램으로 교회와 성도들을 섬기는 사역단체입니다.

HTM 홈페이지 안내

www.hevenlytouch.kr

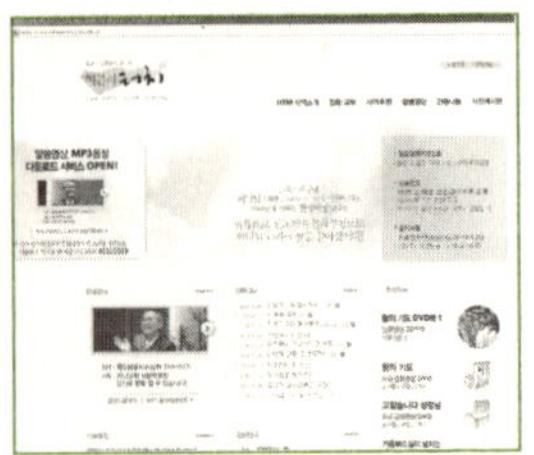

HTM 홈페이지에서는 HTM의 모든 집회, 교육, 사역 안내와 손기철 장로의 말씀 영상을 볼 수 있으며, HTM 집회와 도서와 동영상 등을 통해 치유를 경험한 성도님들의 치유간증을 실시간으로 볼 수 있습니다.

갓피플 닷컴 집회 영상, MP3 다운로드 서비스(유료)

htm.Godpeople.com

HTM 집회 동영상과 손기철 장로의 말씀을 언제 어디서나 듣기 원하는 분들을 위해 집회 영상, MP3 유료 다운로드 서비스를 제공합니다. PC, 개인용 동영상 플레이어(PMP), MP3 플레이어로 보고 들을 수 있습니다.

HTM센터의 비전

한국교회와 성도들을 지속적으로 섬기기 위해 꼭 필요한 사역 공간을 놓고 기도하고 있습니다.

HTM센터는

- 하나님나라의 복음을 선포하고 가르치는 HTM의 비전을 종합적으로 수행하기 위해 HTM센터가 반드시 필요합니다.
- HTM센터는 HTM의 각종 스쿨 및 집회를 수시로 개최할 수 있는 시설입니다.
- 하나님나라의 도래와 새 언약에 기초한 하나님나라의 삶을 실제적으로 보여줄 수 있는 모델 공간입니다.
- 하나님나라의 전략적 확장을 위한 새로운 네트워킹을 만드는 공간이 될 것입니다.

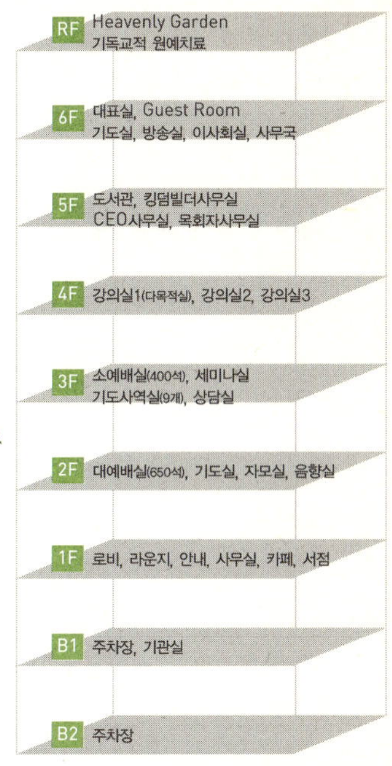

HTM센터의 사역

HTM센터에서는 다음과 같은 사역이 24시간 펼쳐질 것입니다.

1. 각종 스쿨을 통한 새로운 삶에 대한 지속적 훈련
2. 24시간 지속되는 찬양과 감사의 예배
3. 개인적 상담과 치유사역
4. 분야별 킹덤빌더 모임 및 킹덤 공동체 활성화
5. 도서관 운영 및 성령사역 연구 활성화
6. HTM 자체 사역자 양성 및 예배
7. 문서출판과 영상 및 하나님나라 홍보사역
8. 기타 센터 시설 운영

거룩한 재정후원 안내

HTM의 모든 사역과 헤븐리터치센터(Heavenly Touch Ministry Center) 건립을 위해 기도와 물질로 후원해주시기를 부탁드립니다.

후원계좌 **787201-04-069305** / 국민은행 / 헤븐리터치

HTM센터를 위해 헌금하신 분께는 연말정산(환급)용 기부금영수증을 발급해드립니다.

헤븐리 터치

www.heavenlytouch.kr GODpeople.com 검색창에 헤븐리터치 검색

전화(HTM) 02-576-0153 이메일 htm0691@naver.com

치유기도

초판 1쇄 발행　2009년 12월 21일
초판 10쇄 발행　2010년 1월 29일

지은이　손기철

펴낸이　여진구
편집국장　김응국
기획·홍보　이한민
책임편집　안수경
편집 1팀　손유진, 강민정, 이영주
편집 2팀　김아진, 최지설
책임디자인　이혜영, 전보영 | 이유아, 정해림
해외저작권　최영오
마케팅　김상순, 강성민, 허병용, 이기쁨
마케팅지원　손동성, 최영배, 최태형
제작　조영석, 정도봉
경영지원　김혜경, 김경희

이슬비전도학교　엄취선, 전우순, 최경식
303비전성경암송학교　박정숙, 이지혜, 정나영
303비전장학회 &
303비전꿈나무장학회　여운학

펴낸곳　규장

주소　137-893 서울시 서초구 양재2동 205 규장선교센터
전화　578-0003　팩스　578-7332　이메일　kyujang@kyujang.com
등록일　1978.8.14. 제1-22

ⓒ 저자와의 협약 아래 인지는 생략되었습니다.
이 출판물은 저작권법에 의해 보호를 받는 저작물이므로 무단 전재와 무단 복제를 할 수 없습니다.

책값　뒤표지에 있습니다.
ISBN　978-89-6097-145-5　08230

규 | 장 | 수 | 칙

1. 기도로 기획하고 기도로 제작한다.
2. 오직 그리스도의 성품을 사모하는 독자가 원하고 필요로 하는 책만을 출판한다.
3. 한 활자 한 문장에 온 정성을 쏟는다.
4. 성실과 정확을 생명으로 삼고 일한다.
5. 긍정적이며 적극적인 신앙과 신행일치에의 안내자의 사명을 다한다.
6. 충고와 조언을 항상 감사로 경청한다.
7. 지상목표는 문서선교에 있다.

하나님을 사랑하는 자 곧 그 뜻대로 부르심을 입은 자들에게는 모든 것이 合力하여 善을 이루느니라(롬 8:28)

규장은 문서를 통해 복음전파와 신앙교육에 주력하는 국제적 출판사들의 협의체인 복음주의출판협회(E.C.P.A:Evangelical Christian Publishers Association)의 출판정신에 동참하는 회원(Associate Member)입니다.